晚晴时光

——照片背后的交大故事

廖军　梁锦唐　主编

西南交通大学出版社
·成　都·

图书在版编目（CIP）数据

晚晴时光：照片背后的交大故事 / 廖军，梁锦唐主编. —成都：西南交通大学出版社，2021.8
ISBN 978-7-5643-8156-1

Ⅰ. ①晚… Ⅱ. ①廖… ②梁… Ⅲ. ①西南交通大学－校史－摄影集 Ⅳ. ①G649.287.11-64

中国版本图书馆 CIP 数据核字（2021）第 150590 号

Wanqing Shiguang
——Zhaopian Beihou de Jiaoda Gushi

晚晴时光
——照片背后的交大故事

廖　军　梁锦唐　主编

责任编辑	罗俊亮
封面设计	原创动力
出版发行	西南交通大学出版社 （四川省成都市金牛区二环路北一段 111 号 西南交通大学创新大厦 21 楼）
发行部电话	028-87600564　028-87600533
邮政编码	610031
网　　址	http://www.xnjdcbs.com
印　　刷	四川玖艺呈现印刷有限公司
成品尺寸	170 mm × 240 mm
印　　张	19.75
字　　数	256 千
版　　次	2021 年 8 月第 1 版
印　　次	2021 年 8 月第 1 次
书　　号	ISBN 978-7-5643-8156-1
定　　价	60.00 元

序

今年，是中国共产党建立100周年，也是西南交通大学建校125周年。百年征程波澜壮阔，百年恰是风华正茂。西南交通大学肇始于苦难深重的旧中国，125年的成长与发展，与中国共产党百年的苦难辉煌紧密相连，更见证了在中国共产党的领导下新中国的光荣崛起与伟大复兴。125年来，学校始终与国家同呼吸、共命运，胸怀“竢实扬华”报国之志，坚守“自强不息”兴国之魂，虽屡经迁址、几度更名，一路筚路蓝缕，却始终初心不改，坚持办学治教、立德树人，在民族和国家危难时、奋发时、崛起时、复兴时，挺身而出，担负起教育兴国、科技强国的历史使命，代代传承，生生不息。

是什么构筑起了交大人的坚定信仰与精神内核？也许，在翻阅这本重点展示和呈现学校离退休老师们老有所为、老有所乐的典型事迹和感人故事的书籍时，一幅幅精彩纷呈的照片，一段段朴实无华的文字，可以寻踪觅影，窥见一斑。

“晚晴”取天至傍晚、雨后转晴的明净清新、生机盎然之意，寄予学校离退休老同志安享晚年、阳光心态、幸福生活的美好祝愿，彰显学校离退休老同志老当益壮、老有所为、老有所乐的内在价值，是学校老龄文化建设的闪亮名片。作为学校晚晴文化的重要承载和具体呈现，这本《晚晴时光——照片背后的交大故事》分“晚晴记忆”、“晚晴有为”和“晚晴乐享”三个篇章。

“晚晴记忆”，历久弥新。区别于“正典”的板直中正，书中离退休老师们的口述或笔录的追忆文章鲜活生动，让人感慨万千。或是党和国家领导人视察学校时的振奋人心，或是对献身铁路建设的英雄校友的深切缅怀，或是朝鲜战场上的一声号令，或是同来华越南留学生一起学习的难忘岁月，或是学术泰斗、行业标兵、人民教师的精勤敦笃，更或只是一个人对一套书籍的一生守护，……他们像被遗落在时光角落的珠宝，只等一次文字的汇集书写，便熠熠生辉，让这所承载着厚重历史与红色血脉的百年学府绽放出夺目的光芒。

“晚晴有为”，志在千里。学校离退休老师们退休不褪色、退休不退志，即便离开了自己的工作岗位，却始终秉承着“爱国荣校、爱校如家、爱生如子”光荣传统，坚守着“春蚕到死丝方尽，蜡炬成灰泪始干”的师者之道，继续在人才培养、科学研究、文化传承等领域发光发热，贡献力量。他们抑或是卸甲荣休却不忘“交通强国”初心为国家轨道交通事业继续奔波的院士，或是坚持把党建工作做到老同志心坎上的“知心大姐”、已步入鲐背之年的离休支部书记，或是一生坚持讲好一门课、润物无声情满讲坛的老教授，或是一生为学科建设和发展倾尽心力、继续潜心科研的老专家，……这些离退休老师代表们，用自己“老骥伏枥”的行动诠释着老共产党员、交大老教师的初心和担当，激励着一代代年轻老师和交大学子在建设轨道交通领域世界第一的大学伟大征程上奋发图强、奋勇前进。

“晚晴乐享”，夕阳几度。展示阳光心态、体验美好生活、畅谈发展变化，是我们对离退休老师们的美好期冀和良好祝愿。老师们对学校的建设发展奉献了一辈子，在离退休后理应乐享天伦，感受美好的新时代，感恩伟大的党和祖国。他们或寄情山水，或琴瑟歌舞，或发扬国粹，或泼墨书画，呈现出一派“莫道桑榆晚，为霞尚满天”的怡然祥和而又欢悦逸动的景象，更展现出交大离退休老师们热爱生活、阳光向上、豁达乐观的浪漫情怀。

习近平总书记指出，尊重老同志、爱护老同志、学习老同志、重视发挥老同志作用，是我们党的光荣传统。新形势下做好离退休工作必须更加注重发挥离退休老同志独特优势。希望这本书，能够作为交大晚晴文化积淀的一个好的开始，轻拾和慢放学校离退休老师们美好的晚晴时光，整理那些遥远而又意味深长的记忆故事，细数那些退而不休继续发光发热的有为故事，呈现那些阳光心态且正能量满满的乐享故事，补白交大历史，传承红色基因，献礼建党百年。

是为序。

西南交通大学党委副书记

2021 年 6 月

目录

◎ 晚晴记忆

◎ 晚晴有为

晚晴记忆

一段难忘的记忆

——和越南留学生在一起的日子里

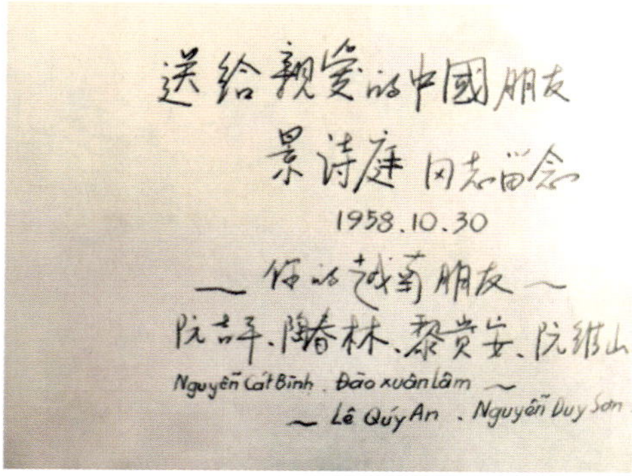

珍藏在绿皮相册中的回忆与友谊

我的家中有一本相册，跟随我已经60多年了，历经多次搬迁、工作调动、政治运动以及唐山大地震，它能完整无缺地保存下来，实属不易。每当我翻看它时，那一张张照片都勾起我对往事的怀念。我愿意把这段经历记录下来，和大家分享。

那是1958年8月，我刚刚在唐山铁道学院通过研究生论文答辩，拿到毕业证（那时国家还未实行学位制），等待分配工作。桥隧系交给我一项任务：带本届本科毕业的越南留学生再出去实习4个月。因为四年级他们班的各项教学活动受当时政治运动的影响较大，一些教学环节未完成，要单独给他们补课，让他们学到更多的专业知识。实习项目和单位，系里都联系安排好了，要我去执行。这是一项政治任务，不能出任何差错。

这届桥隧系越南留学生共四人，他们是：黎贵安、阮吉平、阮维山、陶春林。安全起见，学校要求除了党政领导、保卫部门知悉外，他们的越南留学生身份不能对外公开，统称“南方同学”。他们的汉语口音和广西人很相似，但在一个单位待久了，一般群众也都知道他们的身份。当时中越关系非常好，各单位的领导和群众也非常热情，所以我的工作进行得很顺利。

相册中的南方同学：黎贵安（左上）、阮维山（右上）、陶春林（左下）、阮吉平（右下）

实习第一站是郑州黄河大桥工地。京汉铁路郑州黄河大桥是清朝时修建的，已不堪重负，新桥借鉴武汉长江大桥经验，用管柱作墩台基础，实习重点就是管柱的设计、施工全过程。

有件事我至今仍记得。工地在江北，我们住的招待所就在公路边，房间还靠近大门，我怕出事，就睡在进门第一张床上。第二天仍觉不妥，就直接找到党委书记，请他关注国际友人的安全，还真管用，他马上吩咐把我们搬到靠近保卫科的房间。这是我第一次面临这些问题，自然是提心吊胆。事实证明，安全问题并没有我想象的那么严重，当然也不可能处处都保卫得那么周全。

第二站是武汉长江大桥管理处，他们也很热情，花一天时间请大桥局（就在旁边不远）的工程师介绍大桥设计、施工的全过程。次日他们带着我们沿下层铁路桥面参观，边走边讲，半天一个来回，还在南岸观景台摄影留念。他们的维修管理很认真，每天有专人巡视，还有专门工班负责维修：从北端开始为每根杆件除锈刷漆，检查每颗铆钉、每个节点板的状况，处理各种病害，据说从北到南大概要半年时间，紧接着又要从北端重新开始。他们还介绍道，大桥刚开通那些天，武汉市民都到桥上参观，晚上尤甚，上层桥面几乎站满，列车开过时桥上晃动得很明显，设计院说设计时没有考虑到这种情况，他们马上检测，好在后来证明没事。

在武汉长江大桥，我们五人合影留念

结束了武汉长江大桥的实习，我们又参加了汨罗江桥梁检测。铁道部有个桥梁鉴定队，归工务局管，住在铁道科学研究院，参加汨罗江桥梁检测是我们实习的重点项目之一。我们五人在北京站上了桥梁鉴定队的宿营车，这是他们专用的车厢，一端有卧铺，中间有仪器室和办公室，另一端有卫生间和一间简易厨房，此车可挂到列车上，可以到达有铁路的任何地方。队长姓刘，是一个性情豪爽的老工程师，副队长文质彬彬，工程师、试验员、技工，人人都很精干。

我们的车厢挂在特快列车后面先到达长沙，再挂上普通列车返回到汨罗车站。汨罗是个小站，兼办货运，每天都有几节货车摘挂。汨罗车站北边不远就是当年屈原投的汨罗江。汨罗江桥是早年修的半穿式钢桁梁桥，这次就是要检测鉴定此桥是否要更换。要检测主要受力杆件在通过各种列车（特别是重载货车）时的受力变形情况，要贴很多电阻丝片和安装各种测试设备，需要的人手较多，鉴定队临时从工务段找人来帮忙（来的多是刚毕业的大学生和中专生），几位经过培训的留学生都进入了关键岗位。忙了十来天采集完数据，回去继续分析以后便下结论。

我们晚上住在车上，有时早上出发时检测车在站南面，晚上回来时则到了北面另一股道上，经常变来变去。大桥北端有工务段的家属宿舍，家属们很热情，给我们做饭，大家在一起，也很热闹，因在江边，好像吃鱼比较多。越南留学生长相、口音和广西人差不多，几个帮忙的小女孩总问他们是广西什么地方的，他们先是含糊回答，后来慢慢地，大家便也知道他们的身份了，还经常和他们开玩笑。

前些年铁道部的人士常开玩笑说："铁路运输的主要任务就是'倒煤'，如果倒不了煤，我们就要'倒霉'。""北煤南运，南粮北送"是铁路运输的重要工作。山西是产煤大省，原有的运煤通道已不堪重负，增加运煤通道是"大跃进"时代的热门项目，当时正修建河南焦作到山西南部某处的铁路新线。线上有座丹河大桥，桥两端有几座隧道，都正在施工，这也是我们实习的一个项目。

在丹河大桥附近隧道洞口与“南方同学”合影留念

我们到达工地后，眼前一亮，地处太行山脉的山坡上到处都是柿子树，金黄色柿子挂满枝头，工棚周围都是，人们一伸手就可以摘到。工地领导打过招呼，不要动老乡的东西，所以工地上没有任何人摘柿子吃，留学生们被我们铁路工人严守纪律、秋毫不犯的作风所感动。

几座隧道都不长，常规施工，对我这个隧道专业的“半拉子”，老师自然要配合工地的工程师做一些详细的讲解，补充一些相关知识，这是我唯一的一次隧道施工实习。

丹河大桥是钢筋混凝土拱桥，我们到达时施工拱架已做好，正用缆索吊混凝土灌注。在桥的两岸各修建一个门形钢塔架，一根较粗的钢缆索通过两塔架顶端，并牢固锚固在两边山体上，混凝土和钢筋等器材主要靠在缆索上行走的滑轮小车吊送。小车的移动和器材的升降另有钢索控制。实习的主要项目之一就是仔细考察这套运输系统。如何保证塔架的稳定和钢索锚固的牢固，运送过程的安全等都需要认真探讨。几位留学生提出要爬到塔架顶上去看看，

实习结束，离开丹河大桥，上车前，工地的领导前来送别留影

工地领导开始不同意，怕出事故，他们再三要求，说在家乡爬椰子树都是能手，工地领导只好同意，要他们系好安全带并让一个老工人保护着一个一个地轮流上去。我也逞能要上去看看，爬到顶上，突然感到有较大晃动，有点晕，赶紧下来，看来我有点恐高，不如他们。

实习的后半段是到铁道部专业设计院和第三设计院，我把他们带去安排好后就可回来，不用陪着，中间去看看就行。

九月下旬，我们到达北京专业设计院，自然先到院长办公室报到。办公室一位女主任看了我们的介绍信，说："这事我们怎么不知道？"我说："学院的钱冬生教授和你们桥隧科（科长郭可谘是我院郭可詹教授的兄长，和钱教授关系很好）联系好的。"她马上给桥隧科所在处领导拨打电话，以训斥的口气质问这种涉外的事为什么不向院里汇报。对方解释了一通，可能还做了检讨，她才消气，说："既然来了就要好好接待，尽量满足他们的要求。"我们就这样进入了专业设计院。

很快就到了国庆节，北京要举行阅兵式和群众游行，留学生提出能否想办法让他们有个地方看看游行。我只能硬着头皮去找这位主任，向她反映留学生的要求。她倒也痛快，拿起桌上的红色电话机拨通了铁道部办公厅的电话，然后告诉我们下午答复。下午我便得知铁道部同意安排我们到铁道部楼上看游行，要求我们在国庆日早上、东长安街戒严之前到达铁道部，大家自然喜出望外。

当时铁道部还在现在的王府井南口北京饭店的位置，是北洋政府时期盖的三层大楼，相当气派，面对长安街楼上一侧都有阳台，大楼后边的霞公府还有大院，是司局等下属单位办公地点。十月一日那天我们早早起来，穿戴整齐，从前门外杨梅竹斜街铁道部招待所走到王府井南口（当时长安街公交车停运）的铁道部。工作人员把我们带到三楼阳台，这里视野开阔，已放了两排椅子，还有茶具。刚坐下不久，街上就戒严，解放军检阅队伍就位。队伍从天安门东排到北京站口附近，检阅时，王府井以东的队伍和群众游行彩车都要从我们前面经过。

在庆祝仪式开始前，铁道部总工程师林诗伯带着他的夫人和两个小孩（可能是他的孙子）上楼来，算是代表铁道部领导接见留学生们并陪同观礼。一阵寒暄后不久，典礼就开始了。这次看游行，越南留学生们直呼“不简单”“了不起”。

在专业设计院和天津铁道部第三设计院各实习一个多月以后，他们于12月下旬回到唐山，办理毕业离校手续，收拾行李，准备回国。临走前四位留学生送给我这本精致的相册，当时第一页空着，第二页是胡志明在办公的相片，我猜中他们的意思，是让我在第一页贴上毛主席的相片，第三页有他们各自签名的半身相（留有空位），以后才是在武汉、北京以及实习工地的一些相片。我也把我的相片贴在第三页，作为永久的纪念。

12月30日，我把他们送到北京站，和他们拥抱后，看着他们乘上T5列车离开，可惜从此再也没有和他们联系了。唐山铁道学院[①]

① 唐山铁道学院即西南交通大学前身，人们习惯简称“唐院”。

在北京，我们还游览了多处名胜古迹，在天坛合影留念

的越南留学生有很多届，1954年春，越南驻华大使黄文欢就来唐院做过报告并看望他们。留学生们回去后，都是交通部门的业务骨干或领导，比他们早回去的一位当上交通部副部长，到中国访问时还专门回唐院看望老师。前几年，西南交通大学河北校友会《竢实扬华》摄制组专门到河内采访唐院校友，可惜事前我不知道，否则我一定会托他们打听这几位老朋友的近况。终成遗憾。

作者：景诗庭

（景诗庭，1956 年毕业于唐山铁道学院桥隧系，同年攻读隧道及地下铁道专业研究生，毕业后留校，1977 年调唐山机车车辆厂任职工大学副校长，1984 年调石家庄铁道学院任铁道建筑系系主任，科研所所长等职。）

出师未捷身先死　长使英雄泪满襟

——记伍楚华烈士

伍楚华全家福

这是一张全家福的照片，站在后排的年轻小伙子，名叫伍楚华。在《竢实扬华　自强不息——从山海关北洋铁路官学堂到西南交通大学》一书中，我们介绍了他献身铁路建设的英雄事迹。伍楚华是1956年入学的学生，曾担任班团支部书记。在校学习期间，他在政治上积极要求进步，多次提出入党申请。但因为他出身于工商业资产阶级，这个不容他选择的原因，使他的愿望难以实现。他多次被评为班级的学习标兵、三好学生，他在学校的表现给很多老师留下了深刻的印象，朱铃老师就是其中一位。

1966年，朱铃老师带领学生到成昆线实习，听到了伍楚华不幸牺牲的消息，深感震惊，为这位优秀学生的离去感到悲痛。伍楚华牺牲时刚刚参加工作5年，年仅26岁。

在我们编写《竢实扬华　自强不息》这本书时，朱老师首先想到的就是要把伍楚华的事迹写进书里。我校学生处原处长蒋一鸣老师曾经和伍楚华是同年级的同学，朱老师委托蒋老师到伍楚华的单位铁道部第二设计院查找资料，帮助编写组得到了有关伍楚华同志牺牲时的资料，使“献身铁路建设的烈士”这一节得以写就，伍楚华和诸多院士、勘察设计大师一起被编入《“十七年”群星灿烂》这一章中。在这本书出版时，我们希望在书中有伍楚华烈士的照片，我又一次到铁二院档案馆去查阅伍楚华的档案，在伍楚华的档案中，我不仅找到了他的单人照，而且看到了这张“全家福”。除此之外，还有伍楚华的毕业证书以及他在学校学习时和同学们的合影。

唐山铁道学院
毕業文憑

毕業文憑

学生伍楚华系湖南省市長沙县市人現年廿二歲于一九五六年九月入本院鉄道运筑系学習鉄道运筑专业（五年制）现已学完全部課程成績及格准予畢业

唐山鉄道学院
院長

一九六一年八月　日
文凭登记第 4130 号

伍楚华的毕业证书

与伍楚华当年一起从齐齐哈尔铁路局调到铁二院的我校校友林光（曾任铁二院技术处处长），深情地向我介绍了伍楚华在学校和工作单位的很多感人事迹。伍楚华在上中学时，父亲不幸去世，在兄弟姐妹7人中，伍楚华是老大。他的母亲含辛茹苦供他上大学，一心指望他毕业后，能为家里减轻些负担，但是没想到他刚刚走上工作岗位便牺牲在铁路工地上。

1958年伍楚华（第二排右二）与唐院同学的合影

篇首那张摄于1961年春节的全家福让我们认识了伍楚华的家庭成员，我想这是他们全家最幸福的时刻。伍楚华此时的笑容是那样的灿烂，再有半年时间他就大学毕业了，他的眼神里充满了对未来幸福生活的憧憬。他的母亲也笑得那样甜蜜，1961年的春天到来时，儿子即将走上工作岗位，即将为她分担生活的重担，她的心情充满了喜悦，她的微笑是发自内心的。当然我们也自然能想象到，在1965年年底，儿子牺牲的噩耗传到这个不幸的家庭时，这位母亲是怎样的悲痛和绝望。档案材料显示：按照国家当时的政策，这个家庭只得到几百元的抚恤金，铁二院能做到的就是让伍楚华的妹妹“顶工”，将其录用为正式职工。后来伍楚华的妹妹与铁二院的一位工程师结婚，调到铁二院昆明分院，现已退休。

伍楚华牺牲时年仅26岁，他离开我们已经50多年了。但是，当年教过他的老师没有忘记他，他的同学没有忘记他，母校也没有忘记他。我们希望今天年轻的校友们也不要忘记他。不仅伍楚华！今天，当我们乘坐火车在成昆线上飞驰时，不时能看到铁路线两边竖立着的解放军战士的墓碑。这些墓碑都是当年修建成昆线时，为牺牲的铁道兵战士竖立的，他们之中大多数人的年龄比伍楚华还小，他们把生命献给了中国的铁路建设事业。虽然我们不知道他们的姓名，但是我们同样不会忘记他们。

作者：梁锦唐

（梁锦唐，高级工程师，曾任西南交通大学经管院总支副书记，招生就业处副处长，西南交通大学出版社书记等职。）

北华的故事

——两段难忘的记忆

罗忠忱教授（林霞供图）

罗忠忱教授的这张照片摄于20世纪50年代初，地点在唐山铁道学院北华三舍一号，他的住宅前。当时罗教授住在楼下，黄寿恒教授住在楼上，后来西新教授住宅建好后，罗教授、黄教授搬到了西新，这座小楼改为数理力学系办公室。

小楼后面东、西侧有两个小院，小院里有厨房，还有几间过去佣人住的房间。当年（指中华人民共和国成立前），院里住着曹玉卿爷爷一家和一位被称为戴嫂的保姆，戴嫂负责家务事，而曹爷爷当年是罗教授家的厨师。今天就讲讲后院曹家的故事。

我家于1960年由南华搬到北华五舍一号。当年唐院子女都爱和大学生一起玩，我也不例外，很快就认识了住在北华三舍一号小院曹爷爷的儿子曹国华叔叔，那时他正在唐院读书，我像条尾巴一样整天跟在他身后，后来曹叔叔要毕业了，就介绍我认识了他姐姐的孩子姚卫平。

我只记得姚卫平父母都是干部，在北京工作，她在北京读书，每年寒暑假都会来唐山的姥姥家。和姚卫平的相识，使我的少年时光更加丰富多彩。她给我讲述北京天坛、北海、天安门，我领她玩遍了学校的每一个角落。我们曾在一起做寒暑假作业，我们曾冒着雨、光着脚一起在水泥操场上戏耍，我们曾在雪地上用脚踩出一朵朵漂亮的花朵。青葱的岁月是那么美好，留下了终生难忘的记忆。我们一起到眷诚斋去找大学生玩，在那里认识了一位越南留学生，于是，在眷诚斋二楼的阳台上，又留下了一张小朋友和大学生的合影。

照片第一排从左往右是我和弟弟何斌、妹妹何玮，姚卫平就是照片后排挨着越南留学生的那个姑娘。而这位越南留学生叫什么名字，是哪个系的，几年级，今天都已经记不得了。听说后来学校和当年的越南留学生又恢复了联

与越南留学生在眷诚斋阳台上合影

系，曾多次派代表团访问越南，而当年的越南留学生们也组团参加过成都西南交通大学的110年校庆，真想找到当年和我们一起照相的这位国际友人，按年龄推算他应该是近80岁的老人了。

自从“文化大革命”开始后，姚卫平回来的次数少了，以后因学校搬迁，我搬到北新，与姚卫平失去联系，至今已四十多年了。

几年前我小学同学曹广平无意间看到这张老照片，认出姚卫平是他表姐，先后认出姚卫平的还有罗忠忱教授的外孙女林霞、外孙林西。我托曹广平为我寻找。后来我们大家终于重新联系上了，重逢的喜悦暂不多叙，下面的故事又还原了一段历史。

姚卫平的父亲姚锡田1946年考入唐山交大土木工程专业，在校学习期间同张毅、曹明、王良、方生等人一起参加了进步的学生运动，当时他化名孙容。中共唐院地下党为了团结工人们开展推翻国民党反动统治的活动，在学校举办了工人夜校，通过工人夜校，教育工友们提高政治觉悟，也学习一些文化知识。在征得曹爷爷的同意后，工人夜校就开办在罗忠忱教授家后院。后来担任校工会副主席的许树和、房产科科长的刘国荣等人就是当年工人夜校的学生。为了防止学校反动势力的破坏和捣乱，曹爷爷一家亲自为夜校站岗放哨。当时孙容担任夜校老师，组织工人们学文化、学习革命道理。在那里孙容认识了曹爷爷的大女儿曹阳，以后结为革命伴侣。

就是这所建在普通小院的夜校，为解放后唐山的发展和建设培养了一批管理人才，为迎接解放，保证学校安全移交做出了贡献。唐山解放后，一批没有随学校南迁、投奔解放区的进步学生放弃了学业，在唐山各工厂、企业担任了领导职务。如在夜校担任过老师的王良、方生、曹明等人。

1949年，孙容调入开滦矿军事接管委员会，同年加入中国共产党，1953年调入北京煤炭工业部政策研究室工作，1984年离休。如今已95岁高寿，在北京家中养老。

据林霞姐姐回忆，多年来罗家与曹家相处得非常好，抗日战争时期，他的外公罗忠忱随学校去贵州任教，外婆带着姨妈和母亲去了上海，外公的钱寄不过来，那是罗家最困难的时候。在那种情况下，曹爷爷离开家人一路跟随林霞的外婆，全力相助。为此罗家特别感谢曹爷爷。可能是两家人的缘分吧，林霞姐姐至今还记着1966年11月25日，外婆与曹爷爷同天辞世。

幼儿园老师、职工与小朋友合影

这张照片在学校子女朋友圈中也流传较广，我也说一下这张照片后面鲜为人知的故事。

照片正中间站着的那个人，我们亲切地称他纪大爷，他在幼儿园是专门为孩子们做饭的师傅。这张照片中他看起来是那样的精神，根本不像一位老人，似乎我们都把他叫老了。可惜他在“文化大革命”中受迫害致死，这张照片让我们又回想起他当年的音容笑貌。他带着大班的孩子们在幼儿园的院子里种了很多毛豆，每当收获的季节，他都要为孩子们煮一锅毛豆，还要把已经升入小学的孩子们请回来，让他们尝一尝自己劳动的成果。

照片上纪大爷右边的是单玉珍阿姨，她文化程度不高，对孩子们要求非常严厉。当年许多小朋友因淘气遭到单阿姨斥责，有的还被她罚过站。我从小就怕她，对单阿姨没有好印象。但我前两年看到一位学校子女的回忆文章，由此改变了对单阿姨的看法。

她在文章中回忆，她的父亲1957年被打成右派送去劳教，一家人生活陷入困境，全靠母亲一人工资维持。在幼儿园里，小朋友们穿得花枝招展，而她仅有一身衣服不能替换。每逢单阿姨上班在夜深小朋友们熟睡之时，单阿姨总是将她的脏衣服洗净，冬天还要在炉火边为她把衣服烘烤干……看到这里，我改变了对单阿姨的看法，看到了她内心对孩子们的爱，看到了她善良、温柔的一面。后来我了解到，1949年以前，单阿姨是一名纺织女工，她的丈夫是学校的工友，但在中华人民共和国成立后不久就病故了，为了让她更好地照顾失去父亲的孩子，学校将她调入学校当工人。在工作中她一直兢兢业业。当清洁工时，她不怕脏、不怕累，厕所堵了，她主动去疏通，校报上还登了表扬她的文章。她也在忆苦思甜时，讲述了她在纺织厂做工时，被工头打骂的情况。由此，我想到其实每个人都有优缺点，关键在于教育，正确的教育和引导会让人走向文明，脱离无知和愚昧，而荒谬的理论会让人迷失方向，误入歧途。

照片中纪大爷左边是戴老师，她今年已经91岁高龄了，但身体还很健康。我听说当年幼儿园的林主任、刘老师都90多岁了，她们将自己的青春年华都奉献给了幼儿教育事业，我衷心祝愿她们身体健康，也希望今天西南交通大学幼儿园的老师们继承她们的优良传统，让今天的孩子们更幸福、更愉快地成长，都成为祖国建设的栋梁。

感谢林霞姐、姚卫平、曹广平、许映华四位好友帮助回忆和整理此文。

作者：何　琦

（何琦，西南交通大学教职工子女，曾在唐山市金属制品厂、唐山市摩托车齿轮厂工作，现退休。）

素心似简淡若菊

——贝馥如先生的求学之路

年轻时的贝馥如

在西南（唐山）交大125年的历史上，有一位颇具传奇色彩的女性：英文教授贝馥如（1894—1984）。在她近90年的漫长一生中，有50年是在交大唐院度过的，曾经是学校中唯一的女教授。她终生未婚，以校为家，淡泊低调，温和纯良，她是同辈们口中优雅的“密斯贝”、学生们心中可敬的“贝先生”、孩子们眼中慈祥的“贝公公”。在唐山交大几代学人的心目中，她是女神一般的存在。然而对于贝馥如在36岁加盟交大之前（即她一生前五分之二部分）的生平过往，人们却知之甚少，文献档案更是鲜有记载。笔者对于清末民初开放女禁、兴办女学和女子留学等问题十分感兴趣，在查阅文献的过程中竟然发现了贝馥如的往事。在尘封的史料中一点一滴地搜索贝馥如和她的同学们的求学往事，一个个追求独立、平等、自强的新女性形象渐渐浮现出来。浏览这些近百年前的文字和照片，如同时光倒转，心中的震撼无法言说。

1894年，贝馥如出生在广东潮汕地区潮阳县一个贫苦的农民家庭，在家中10个子女中排行老大。早在1860年潮汕地区开埠之初，欧美传教士就陆续前来传教布道。近代潮汕女子教育发端于传教士开办的教会学校，美国浸信会、英国长老会和巴黎外方传道会在潮汕地区分别开办了女学、妇学和孤儿院等妇女教育机构，较早和较著名的有：礐石女校、正光女校、淑德女校等。女校学生大多数来自贫穷的教徒家庭，这些女孩的父母虽然不富裕，但已经意识到教

贝馥如摄于1934年

育的重要性。贝馥如的祖父和父母都是基督徒，因此她出生后也受洗成为教徒。贝馥如的母亲在教会学校读过书，十分开明。在母亲的鼓励和支持下，她7岁进小学读书，后来入读正光女校和华南大学附中，断断续续地读完高中，其间还曾辍学打工补贴家用，尽长女长姐之责。

正光女校的前身是1851年美国浸信会在香港开办的女学，1864年随该会移至汕头礐石，由约翰生夫人（Mrs. Johnson）主事。学校免收学费并且免费提供衣、食、住等日常必要开销及服务，因此在当地颇具吸引力。1874年秋该校由巴智玺夫人（Mrs. Partridge）接手，正式命名为“正光女校”（英文校名：The Abigail Hart Memorial School），开始只有5名学生。巴智玺夫人对该校制度进行了改革，发给每个寄宿女学生每月1.3美元，但日常家务必须自理，以训练女孩们有条不紊、自制和自尊的生活态度。经过60年的发展，1911年学生已经超过500人，1916年起开设初中课程。

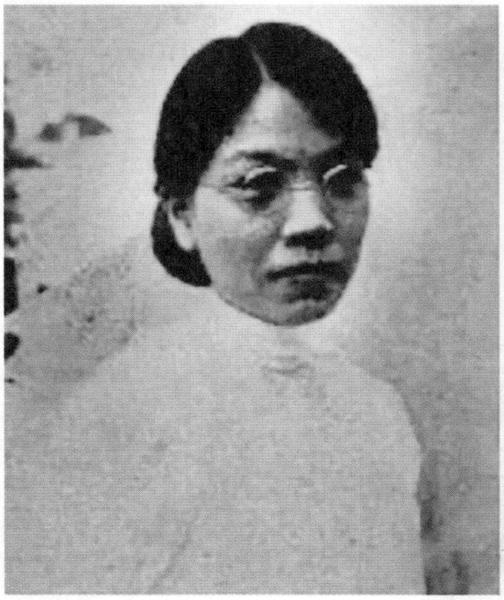

高中毕业后在正光女校工作的贝馥如

正光女校的校舍

1918年，24岁的贝馥如考入金陵女子大学（简称金女大），1922年毕业获得学士学位。金女大是民国年间中国14所教会大学之一，也是中国最早的女子大学之一，享誉海内外。金女大由美北长老会、美以美会、监理会、美北浸礼会和基督会等美国基督教会联合创办，属于传教领域的“现代主义者”群体。1915年在南京绣花巷李鸿章第五子的李家花园旧址开学，首任校长为美国长老会女牧师德本康夫人（Mrs Laurence Thurston），她毕业于美国麻省的曼荷莲学院（Mount Holyoke College），曾在长沙湘雅医学院任教。金女大的校训“厚生”（abundant life）选自《新约》圣经约翰福音十章十节：“我来了，是要让他们得生命，并且得的更丰盛。”金女大学制四年，设文理两科，仿照新英格兰的美国精英女子文理学院设置课程，入学要求非常严格。除中文经典外，所有科目均以英语授课。

金女大推崇文理兼修的博雅教育，办学目标是为中国各个领域培养女性精英及有专业技能的职业妇女。1919年首届5位学生毕业，以金陵大学的名义授予学位，成为中国最早获得学士学位的女大学生。前四届共有33名毕业生，多人赴美深造并获得硕士或博士学位。在1920年代教育国有化的运动中，国民政府收回办学自主权，金女大的两位首届毕业生徐亦蓁和吴贻芳分别担任校董事会主席和第二任校长。在该校36年的历史上，一共毕业了999位女学生，人称“999朵玫瑰”，成为各行各业的社会栋梁。

上左：1922届毕业生步入毕业典礼会场；上右：1922届毕业典礼上，校长颁发毕业证书；下：1922届10位毕业生与德本康夫人（中）合影，右二是贝馥如。

笔者查到贝馥如的几位大学同班同学简况如下：陶善敏，中国第一位微生物学女博士、著名防疫专家，其夫林宗扬是著名微生物学、免疫学和公共卫生学专家，夫妻二人均为北京协和医学院一级教授。范承杰，1927年留美深造并获硕士学位，回国后执教于上海各医学院，上海第二医学院二级教授。汤汉志，金女大毕业后考入北京协和医学院，与林巧稚同班，是当时全校仅有的三名女生之一；其夫李振翩是著名细菌学和病毒学家，夫妻二人辗转各地行医，1948年赴美定居，为中美建交打开窗口。黄孟姒（右三），其夫查谦为武汉大学物理系创始人、原华中工学院首任院长，长子查全性为著名电化学家、1977年“倡导恢复高考第一人”。黄友戭，曾任上海中西女中国文教师，其夫曾昭桓是土木工程专家、曾国藩的曾孙。

贝馥如大学毕业后回到家乡，担任其儿时母校——汕头正光女校学监（Matron），校长是美国人丘美华（Principal M. E. Cruff）。贝馥如曾在正光女校读书，入大学前在正光工作两年，大学毕业后又工作了四年。正光女校开办之初即以美国曼荷莲女子学院的三“H”方针（心灵、智力和手艺）为模板。学校开设有文化课和宗教课，前者包括国文、数学、自然、历史和地理；还为高年级女生开设家政课，由修女们教她们做饭、针线、插花等技巧。贝馥如保持终生的优雅风度、良好习惯，以及女红手艺，想必大都是在正光和金女大养成的。1925年底汕头市政府正式公布收回教育权的规定，汕头正光女校被迫停办。后来浸信会与政府商议，经核准将正光女校并入礐石中学，易名为“私立礐光中学”，此乃后话。

贝馥如考取金女大后，正光女校校刊曾发表一篇文章《就是女孩》（*Just Girls*），文中称赞她靠自己的努力成功地在福州读完高中，毕业后回到正光，成为一名合格的教师；由于她十分渴望继续深造，学校也非常需要受过高等教育的本土教师，因此她又考入金女大学习。文中写道：“我们深为密斯贝骄傲”“期待这位有才华的青年女士学成归来”。贝馥如在正光的同事——单身女传教士孙安美（Abbie G. Sanderson）在华南先后传教26年，其全部著作、书信和收集的资料均被美国耶鲁大学神学院图书馆收藏，这份校刊就是收藏之一，校刊上还有一篇1880年起即来华的女传教士Lida Ashmore撰写的关于正光校史的文章。

ANOTHER GRADUATE

We are very proud of Miss Helen Pue, one of our graduates. By her own pluck and determination, she succeeded in completing a High School course in Foochow. Following her graduation she accepted a position in our school, where she acted as head-teacher most acceptably for a year and a half. Knowing that Miss Pue herself was desirous of further training, and realizing the need of college trained native teachers to fit in with the future plans of the Abigail Hart Scott Memorial School, arrangements were made for her to enter Ginling College, Nanking, where she is now a student. We look forward to the time when this gifted young woman will return to help us in training the many girls throughout this district who are looking to us for a Christian education.

图为1924年12月正光女校新校舍奠基仪式上的教职员及美国浸信会的传教士，二排左六是贝馥如（Helen Pue），二排右一为Lida Ashmore；图片下方为《就是女孩》一文中的相关部分。

1926年，贝馥如获得巴伯奖学金资助，来到美国密歇根大学（简称密大）读研究生，主修教育学、副修英文和心理学，于1928年获得硕士学位。成立于1817年的密歇根大学是美国一所著名的研究型公立大学，其校训为“艺术、科学、真理”（拉丁文：Artes, Scientia, Veritas）。密大与哈佛、耶鲁、哥伦比亚、康乃尔等常青藤盟校一起，被选作最早接受庚款中国留学生的美国大学之一。密大校友、犹太裔律师和慈善家巴伯（Levi Lewis Barbour）在一次环球旅行中，通过对三位在密歇根州大学学习的东方女性的观察，于1917年设立了第一个针对亚洲女性的奖学金，即“巴伯东方女子奖学金”（The Barbour Scholarships for Oriental Women），奖学金获得者必须成绩优秀，学成后回国服务。对于1920年代的中国女性来说，得到这样的机会和资助得以留学海外是非常不容易的。

1926年5月1日《密歇根日报》妇女版有一条关于“九位获得巴伯奖学金的新生将于秋季抵达”的报道，逐个介绍新生情况。文中提到贝馥如（Fuh-ru Bei）来自中国广东，毕业于金女大，已有几年教学经验，将在教育学领域继续深造。然而在密大Rackham研究生院官网上只记录了八人，其中来自中国和日本各三人、来自印度和菲律宾各一人，还有一位中国女生估计未能成行。三位中国女生同乘“麦肯莱总统号”轮船，1926年8月22日从上海出发，9月7日抵达西雅图。贝馥如的巴伯奖学金编号是57，即第57位巴伯学者。与贝馥如同年入读密大的张维桢，主修历史和政治学，毕业回国后成为著名妇女活动家，是清华大学首任校长罗家伦的夫人。贝馥如入学后住在女生宿舍楼Helen Newberry House，这栋楼是密大安娜堡主校区中最老的女生宿舍楼，可供约110名女生住宿。

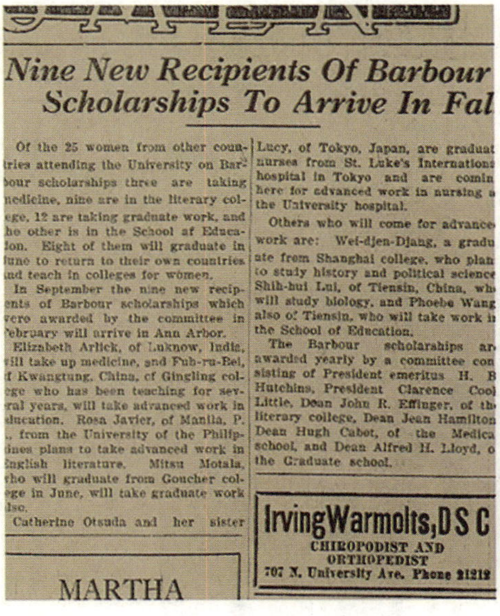

Nine New Recipients Of Barbour Scholarships To Arrive In Fal

Of the 25 women from other countries attending the University on Barbour scholarships three are taking medicine, nine are in the literary college, 12 are taking graduate work, and he other is in the School of Education. Eight of them will graduate in June to return to their own countries and teach in colleges for women.

In September the nine new recipients of Barbour scholarships which were awarded by the committee in February will arrive in Ann Arbor.

Elizabeth Arlick, of Luknow, India, will take up medicine, and Fuh-ru-Bei, of Kwangtung, China, of Gingling college who has been teaching for several years, will take advanced work in education. Rosa Javier, of Manila, P. I., from the University of the Philippines plans to take advanced work in English literature. Mitsu Motala, who will graduate from Goucher college in June, will take graduate work also.

Catherine Otsuda and her sister Lucy, of Tokyo, Japan, are graduat nurses from St. Luke's Internation hospital in Tokyo and are comin here for advanced work in nursing a the University hospital.

Others who will come for advance work are: Wei-djen-Djang, a graduate from Shanghai college, who plan to study history and political science Shih-hui Lui, of Tiensin, China, wh will study biology, and Phoebe Wang also of Tiensin, who will take work i the School of Education.

The Barbour scholarships ar awarded yearly by a committee consisting of President emeritus H. B Hutchins, President Clarence Cool Little, Dean John R. Effinger, of th literary college, Dean Jean Hamilton Dean Hugh Cabot, of the Medica school, and Dean Alfred H. Lloyd, o the Graduate school.

MARTHA

Irving Warmolts, D S C
CHIROPODIST AND ORTHOPEDIST
707 N. University Ave. Phone 21212

左图为《密歇根日报》妇女版的相关报道，右上图是Helen Newberry House，右下图是Rackham研究生院官网记录。

密歇根大学教育学院的历史可追溯到大学创建之初，1879年密大设立了全美教师培训方面的第一个全职永久教授职位。1884—1888年间及1889—1894年间，美国著名哲学家、教育家、心理学家及现代教育学的创始人之一约翰·杜威（John Dewey）曾在密大任哲学讲师和教授。1921年密大教育学院正式成立，开设了教育心理学、学校行政管理、教学法、职业指导、体育教育等44门课程。密大与金女大有着悠久的交流历史，多位密大教师和毕业生曾在金女大任教。第一位来到金女大的是黎富思（Cora Daisy Reeves）博士，1917年她创建了金女大生物系并担任行政职务，直到1941年退休。另一位Ella May Hanawalt女士，1915年毕业于密大，1921—1928年间在金女大教育系教书。

1919年金女大首届五位毕业生中就有三位巴伯学者，先后共有21位金女大学生通过巴伯奖学金前往密大继续学业，包括八位贝馥如在金女大的前后校友，她们是：吴贻芳、刘剑秋、任倬、陶善敏、邬静怡、倪逢吉、包志立、朱滶，其中吴贻芳是中国第一位动物学女博士，陶善敏是贝馥如在金女大的同班同学，朱滶后来成为世界史专家。这些前辈们家世不同、经历各异，有著名的女界领袖、专家教授，也有敢爱敢恨的民国名媛，近百年前领风气之先，每位都有一个传奇的人生。吴贻芳、朱滶与贝馥如在金女大和密大都有交集，而且三人均终生独身。

图为1928年的密大巴伯学者合影，第二排中间站立者是贝馥如，她的左边是吴贻芳，前排右二是朱滶；第二排左一是中国第一位数学女博士——来自上海大同大学的刘叔庭。

贝馥如在密大获得硕士学位后应聘回国，来到燕京大学教育系教书，但似乎在那里不太适应。1930年她又前往唐山交大工作，担任注册股主任，将其所学服务于学校，距今已经超过90年了。1929年唐山交大开始招收女生，因此贝馥如还兼任女生指导员，后来转任英文教授。唐山交大是一所以男性为主的国立工科大学，在很长一段时间内，贝馥如是学校唯一的女教授，与其前36年的生活环境完全不同。但她从此就在这个学校安顿下来，得到教授们的尊重，还与几位教授太太成为终生闺蜜好友。战争年代贝馥如跟随学校辗转播迁、历经磨难，曾在迁往成都华西坝的母校金女大等处教书。1940—1941年间，另一位巴伯学者顾静徽曾在西迁贵州平越的唐山交大短期任教。顾静徽1928—1931年间在密大读博，是中国第一位物理学女博士，与贝馥如在密大擦肩而过，却在平越共事，也许有过交往。

贝馥如一生无党无派，洁身自好，随遇而安，不求闻达。她兢兢业业地工作，培养了一批又一批青年学子。她自己没有儿女，但对于学生晚辈却慈爱有加，笔者曾听一位长辈讲起抗战结束后在她的辅导下考取南开中学的故事。贝馥如82岁那年经历了唐山大地震的生死劫难，所幸化险为夷，1984年90岁高龄时驾鹤西去，她一

贝馥如（中坐者）与唐山交大最早的三位女生及好友沈厚静女士的两个小公子

老年贝馥如在家中编织毛衣

生的传奇故事也画上了句号。关于贝馥如到唐山之后的经历，可参见发表在《唐院春秋》公众号上的两篇署名文章，即梁锦唐的《芬芳馥郁——纪念贝馥如教授120周年诞辰》（2014-08-07）和黄永正的《山静竹青　桂馥兰馨——记奶奶与贝馥如教授的姐妹情》（2017-11-16），本文不再重复。

1929年入学的唐山交大第一位女生朱卓颖在一篇纪念文章中写道："我们都称她为贝先生，像对老大姐一样地敬爱她，她把我们叫作'girls'。"笔者认为，这里的"girls"并不仅是由于贝馥如习惯说英语。正光女校校刊文章《就是女孩》的开场白是这样的："甜美的、迷人的、快乐的女孩；淘气的、调皮的、任性的女孩；勤奋的、好学的、有主见的女孩；无论是贫穷的女孩、还是富有的女孩，她们就是女孩，JUST GIRLS！"这是自幼住在贝馥如心底的那个女孩，正光女校的三H方针、金女大的"厚生"精神、密歇根大学的"艺术、科学、真理"校训，在她内心保留一方净土，为她一生打下厚重底色。笔者虽然辈分不够，但仍想尊称她老人家一声"贝先生"。贝馥如先生是金陵999朵玫瑰中的一朵、130位中国籍巴伯女学者群体中的一员，素心似简淡若菊，先生风范长存世。

作者：范　明

（范明，西南交通大学教职工子女，复旦大学数学学士、硕士，乌普萨拉大学数学博士，现居瑞典。）

参考资料

Xiang yu Cai（蔡香玉）: Christianity and gender in South-East China : the chaozhou missions（1849—1949）, Leiden University, 2012.

Rosalinda Xiong: Ginling College, the University of Michigan and the Barbour Scholarship, Singapore, 2016.

文中的一些老照片来自耶鲁大学神学院图书馆和密歇根大学Bentley历史图书馆档案库，贝馥如照片由贝少杰提供。

于无声处听惊雷①

——话剧《于无声处》②排演时的点滴印记

1978 年 12 月演出“于无声处”话剧后与校领导合影

这张照片拍摄于1978年12月，照片是西南交通大学教职工演出话剧《于无声处》后，校领导和演职人员的合影，沙发正中坐的是

① “于无声处听惊雷”诗句出自鲁迅1934年5月30日写的《无题·万家墨面没蒿莱》：“万家墨面没蒿莱，敢有歌吟动地哀。心事浩茫连广宇，于无声处听惊雷。”

② 话剧《于无声处》，编剧宗福先，作品创作于1978年6月，曾获原文化部、全国总工会特别嘉奖；该剧由上海市工人文化宫业余话剧队于1978年9月排演，导演苏乐慈，曾于11月受文化部之邀进京公演。

刘圣化校长，还有校领导戈平、沈正光、苏光，以及有关方面的负责人韩敬贤、李祖功等同志。

话剧《于无声处》由上海工人宗福先编剧，苏乐慈导演，1978年9月23日在上海工人文化宫首演。这部话剧以1976年首都群众在天安门广场悼念周恩来总理的“四五运动”为背景，通过两个家庭、两代六个人的不同命运，歌颂了人民群众与“四人帮”反革命集团的斗争，当时在全国引起了巨大轰动。

这部话剧剧名取自鲁迅的诗句“于无声处听惊雷”，它真似一声惊雷炸响，惊醒经过十年浩劫后的国人，表达了人民群众正义的呼声。同月，《文汇报》《北京日报》《工人日报》等各地报纸先后连载《于无声处》全剧本。中共十一届三中全会前夕，中央领导调此剧进京演出，之后这个话剧便在全国广泛传播，有2700多个剧团同时排演了该剧。

1978年11月，学校领导决定排演话剧《于无声处》，并指定由我父亲覃骏担任该剧的导演。我父亲酷爱话剧，20世纪50年代，学校教工有个话剧团，团长就是由我父亲担任，他不仅导演了话剧《伊索》，还排练和演出过《雷雨》《老槐树》《哎哟，美国小月亮》等话剧，既配合了当时的政治运动，也活跃了学校的文化生活。“文化大革命”开始后，话剧这个有着广泛群众基础，并深受群众喜爱的文艺形式在中国的舞台上消失了，取而代之的是京剧样板戏。舞台上演出的是全国各种地方戏移植的八个样板戏，其中包括地方文艺团体很难演出的芭蕾舞和交响乐。

1976年，“四人帮”被粉碎后，话剧在沉寂了十多年后终于又出现在了中国的舞台上。当年学校在峨眉办学，条件相对封闭和简陋，能排练演出这部风靡全国的四幕话剧，自然困难不少。如今时间已经过去40多年了，知道这件事情的人已经越来越少了，我把自己当时的所见所闻写下来，既是对这段历史的一个记录，也是对如今已离开我们的几位演员的怀念。

由于当时我年纪小，对《于无声处》的剧情，印象已十分模糊。于是我便上网搜了一下，情节大约是这样的：在20世纪70年代，总理去世后、粉碎“四人帮”之前，青年欧阳平收集、印刷并散发纪念周总理的诗篇，“四人帮”下令追捕。欧阳平的母亲梅林在战争年代曾救过何是非的性命，而欧阳平又与何是非的女儿何芸相爱。一天，梅林和儿子途经上海，来到何家。当何是非知道欧阳平就是全国通缉的现行反革命分子后，即向“四人帮”告密。欧阳平遭逮捕，何是非的妻儿因此都与他决裂。据说这部戏曾和《雷雨》《茶馆》一起被誉为新时期话剧的发轫之作，与《暗恋桃花源》《倾城之恋》等并列为十大经典话剧之一，等同于中国戏剧史上的“真理标准的大讨论”。

对这部戏的排演缘由，我是一无所知的，因为我父亲（时为机械系筑路教研室的老师）担任该剧导演的缘故，所以他们排练、演出时我也常跟着去玩，有时演职人员忙不过来，我还搭把手，因此对这部戏还有些印象。其实从小看父亲的影集里有许多话剧的剧照，也知道父亲在学生时代曾是唐院话剧队的成员，但从我记事起，和话剧有所接触的，也就这一次。

在剧中饰演男一号（欧阳平）的是体育组的舒广益老师（后来我才知道，舒老师中学就读于北京22中，和赵忠祥、庄则栋是校友，他跳高很出色，曾跳出过1米7几的高度），饰演何芸的是力学系的陶卓明老师，饰演梅姨的是齐淑英老师，饰演反派（何是非）的是力学教师王凤臣，由印刷厂职工张秀兰演何是非的妻子，还有一个付淑珍老师，但不记得她在剧组是负责什么的了，付阿姨当时是幼儿园的老师。当然，印象最深的是饰演何为的祁新民老师，因为他曾是我的小学老师，子弟校前后几届的同学都应该学过他教的“马步双劈拳”吧！在戏中他应该是最先出场的，平时不戴眼镜的祁老师戴着一副黑框眼镜，躺在沙发上看一本书，后来台词里交代是《飘》，那是我最早知道的外国小说。前几年遇到祁老师，得知他早已光荣退休，而比他稍小的陶卓明老师已因病去世多年了，如今此剧的全部演员都已退出了工作岗位。

记忆里这部戏的布景非常简单，舞台被布置成客厅的样子，正中是一张三人的长沙发，沙发背后是一个两三级台阶的小平台（类似于门厅），平台后便是大门的门框，一边还开着一扇窗户，客厅里还有一部电话，茶几上有一个小盘子，里面有些做道具的水果糖。四幕戏都是在这个客厅里完成的，时间有白天也有晚上，特别最后一幕是个雷雨之夜，为了表现雨在门外下个不停，道具师傅将塑料带剪成条状钉在一个木条上，木条的两端用两根绳子拴住横挂在门框的上面，一条条的塑料带便垂在门外，演出的时候要人不停地抖动那两根绳子，舞台的灯光照在抖动的塑料带上，不时地反光，就如同门外在下雨了。当然，同时还得配上音响。记得这戏在电影场演过好几场，最后一次在电影场演出的时候，负责抖绳子的师傅因为有事儿，临时让我帮忙牵着抖绳子，而我一不留神松了手，于是木条从门上滑了下来，“雨幕”就这么露馅了！用现在时髦的语言说就是“穿帮”了。那次整场演出也许是因为最后一次了，所以出了不少这样的“事故”，不过除了我自己亲自干的以外，其他的实在记不清楚了。

对这部戏印象比较深的是那部道具电话，应该是一部老式的拨号电话，粉红色的塑料外壳。演戏的时候，不知后台的师傅是怎么弄的，电话就响了。在40多年前的峨眉，电话一般只在单位里有，而且还是那种很古老的黑色电话机，而沙发什么的，记得同学的家中似乎还都没有。当时除了演员外，还有好多为该戏服务的老师，有负责灯光的，有负责道具的，印象里有后勤的薛振洋师傅，但不知道他具体是负责什么的。

剧组第一次在电影场演出的那天，可能是要准备演出，父亲晚上就没回家吃饭，那时我和父亲一起住在老院办的单身宿舍，于是那天晚上我第一次用煤油炉试着炸了盘花生米，好像还炒了个鸡蛋吧。那应该是我第一次下厨做饭，饭后即去电影场舞台上看戏去了。

记得这部戏除了在峨眉的电影场演过几场外，还去周边的一些单位演过，印象最深的是去40医院附近的一个炮兵部队，那里有一个真正的礼堂。也就是那次，我把父亲从图书馆给我借的小说《铁道游击队》丢了！也许就是因为这个缘故，我对那次演出有比较深的印象吧！

《于无声处》剧照，剧中人物从左至右：何为、欧阳平、何芸、何妻、梅伯母、何是非

在这部戏中还有些印象的是那盘道具糖！在排练时，那盘子里还都是空的，而真正演戏的时候，确实有一盘子糖在那里。现在已记不清是什么糖了，只是花花绿绿的玻璃纸充满着诱惑！因为常跟着剧组演出，所以偶尔会有机会偷偷地拿上一颗。记得最后一次演出前，那盘糖已明显少了。现在回想起来，当时峨眉的生活还是很苦的，孩子们除了三餐，似乎没有什么零食，偶尔服务楼来了“峨

眉糕”，家长们也会跑去排队买回来，还要锁起来，哪个孩子表现好才会发一块！

时光匆匆而过，当年风华正茂的青年都已垂垂老去，其中舒广益、陶卓明、薛振洋老师以及我的父亲已与我们生死两别。但他们当年为大家演出的这部经典剧目，一直让我难忘。相信凡是看过他们演出的师生和校子弟们，也会和我一样留下一段美好的回忆。同时，我在西南交通大学校史编辑室编辑的《大事记》中，看到1979年1月7日，为了纪念周总理逝世3周年，学校又在电影场再次公演了《于无声处》，这部话剧的演出已经记录在校史中，这也是对演职员们辛勤付出的褒奖和评价吧。

而今，我也在学校工作30多年了，当年父辈们穿着高帮雨靴、打着雨伞、背着背篓去马路桥买米买油，拿着小板凳去电影场开大会，夹着讲义去中山梁上课的情景，还不时地浮现在眼前。西南交通大学由峨眉到成都、由九里到犀浦，伴随着国家的发展，校园环境、办学条件和职工们的生活也发生了巨大的变化，也许，这便是于无声处那声“惊雷”给我们带来的吧！

作者：西南交通大学出版社　覃　维

“建筑泰斗”庄俊的唐山交大情怀

庄俊，1888年6月6日（农历四月二十七）出生于上海。1909年，庄俊考入唐山路矿学堂。1910年8月，在北京举行了第二次庚款留学考试，有400多人应试，最后录取了70名，庄俊与唐山路矿学堂的王绍礽、周厚坤、竺可桢、徐墀、钱崇澍5人榜上有名。

庄俊在唐山路矿学堂读书时的留影，他在照片右侧专门注明“在唐山时”，从他那双炯炯有神的眼睛和坚毅的面容可以看出，他很在意那个改变他命运和人生的唐山就学年代，他也很留恋这所当时的名校，可以说唐山路矿学堂是庄俊建筑事业的起点和奠基石。

在出国前一天，庄俊又特地在上海拍下了这张剪去辫子的照片，表示了他与封建王朝彻底决裂的坚定信念。

* 文中照片由庄朴先生提供。

考试结束后，庄俊由天津乘船来到上海，8月10日离开上海赴美留学。据庄俊的日记记载：9月10日，轮船抵达旧金山，然后改乘火车至Chicago，转车到Urbana，进伊利诺伊大学办入学手续，选读建筑工程科。

1914年，庄俊毕业于美国伊利诺伊大学巴纳—香槟分校，成为近代中国赴美留学学生中学习建筑的第一人。1914年6月26日，庄俊接到国内电报，邀请他参加北京清华学校的设计。1916年至1920年间，他配合美国建筑师亨利·墨菲负责了清华校园的总体规划，并主持图书馆、体育馆、科学馆、大礼堂等早期“四大建筑”的工程设计和监造。

1921年，庄俊受聘兼任母校唐山交通大学工程师，参与校舍设计工作，特别是设计了与清华二校门风格相仿但更为宏阔的交大主门，成为学校的地标性建筑。

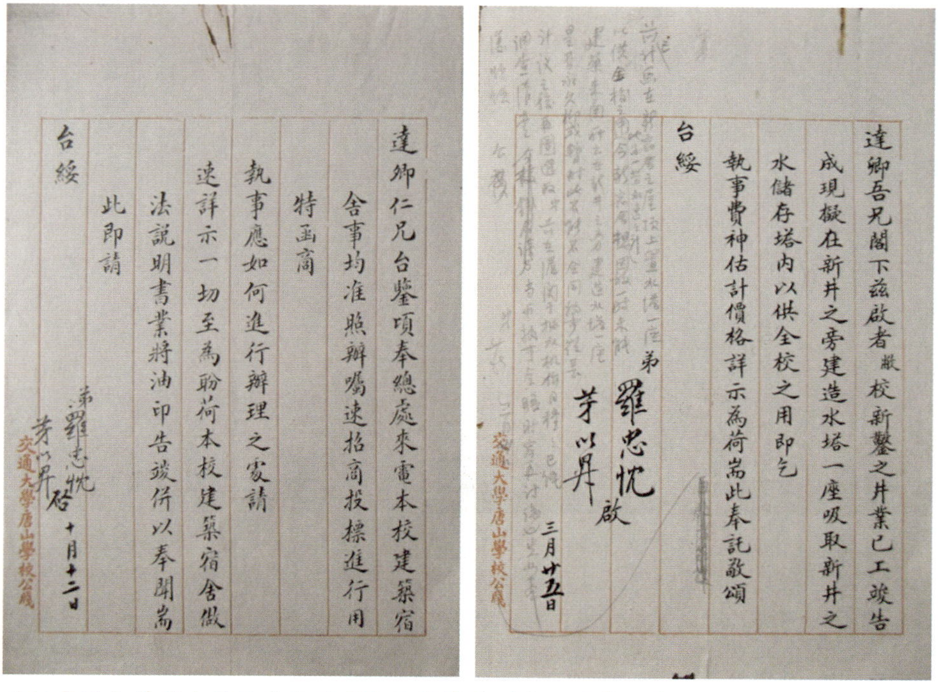
達卿仁兄台鑒頃奉總處來電本校建築宿舍事均准照辦囑速招商投標進行用特函商執事應如何進行辦理之處請速詳示一切至為盼荷本校建築宿舍做法說明書業將油印告竣併以奉閱耑此即請台綏
弟羅忠忱 茅以昇 啓 十月十二日
交通大學唐山學校公箋

達卿吾兄閣下茲啟者敝校新鑿之井業已工竣告成現擬在新井之旁建造水塔一座吸取新井之水儲存塔內以供全校之用即乞執事費神估計價格詳示為荷耑此奉託敬頌台綏
弟羅忠忱 茅以昇 啟 三月廿五日
交通大學唐山學校公箋

时任交通大学唐山学校主任的罗忠忱教授和副主任的茅以升教授就唐山校园建设事宜给庄俊的信函

庄俊一生在祖国各地留下了很多建筑杰作，1925年至1938年间，庄俊先后完成了济南、哈尔滨、大连、青岛、徐州等地交通银行的设计，以及上海中南银行、汉口大陆银行、南京盐业银行和上海、汉口的金城银行等项目，这段时间可谓是庄俊的创作高峰期。在上海，他的一些设计作品至今仍是地方上具有标志性的建筑。

这里我们要讲给大家听的是庄俊的唐山情怀，庄俊的儿子庄涛声，生于1923年，1946年毕业于之江大学。子承父业，庄涛声大学毕业后赴美留学，进入当年父亲就读的美国伊利诺伊大学，获建筑学硕士学位，毕业后在纽约的英门建筑师事务所工作。根据收录在由中国科学技术协会主持编纂的《中国科学技术专家传略》中的方义弼的回忆文章："该事务所的建筑师Alvin Inman很器重庄涛声，劝他留下工作，而且请他转告庄俊，邀请庄俊夫妇来纽约定居，与英门合作，并表示愿将'英门建筑师事务所'改名为'英门—庄俊建筑师事务所'。庄俊回信除了感谢英门的一片好意外，还谆谆告诫儿子'祖国即将解放，应尽快回国参加中华人民共和国的建设工作'。庄涛声听从了父亲的意见，于1950年3月和其他20多位在外留学的爱国知识分子，经辗转奔波，终于回到了祖国的怀抱。当时庄俊已在北京工作，他对儿子的要求是一不留上海，二不留北京，要他先去一个比较艰苦的地方，体验中国一般民众的生活。"

当时，中华人民共和国刚刚成立，百废待兴，所有大学都急需像庄涛声这样归国的知识分子，所以供庄涛声选择的机会很多。但庄涛声回国后，遵循父亲的嘱托，来到父亲的母校唐山交大（时称中国交通大学唐山工学院）建筑系任教。唐山的地理位置在全国名牌大学中应该是较差的，尤其是对出生于南方的人士来说，北方的严寒和饮食结构是他们最难适应的，但庄涛声对他的选择，没有丝毫的犹豫。

他在唐山工作了两年，1952年全国高校院系调整，庄涛声随我院建筑系先调整到北京铁道学院，后来又随建筑系调整到天津大学。1959年，庄涛声调到郑州工学院工作。直到1979年，为了照顾91岁高龄的父亲，庄涛声才调回上海同济大学任教。

南新住宅区，是学校专门为教授、副教授设计的别墅式建筑。庄涛声一直珍藏着这张照片，作为唐山幸福生活回忆的纪念。

庄涛声在唐山工学院南新宿舍前的留影

1949年中华人民共和国成立后，61岁的庄俊受邀出任交通部华北建筑工程公司总工程师，参与了北京市天安门广场、人民英雄纪念碑和首都城市等多项建筑的计划、规划工作。他还参加了武汉长江大桥的计划和设计审核。1954年，庄俊调回上海任职于华东工业设计院，1958年退休。

1985年9月21日，由上海市建筑学会、华东建筑设计院、上海民用建设设计院联合在上海衡山宾馆举办了“庆祝著名建筑师庄俊、陈植从事建筑设计、教学活动七十、五十六周年”大型座谈会。在座谈会上，国务院城乡建设部授予庄俊先生“建筑泰斗”荣誉证书，这也是迄今为止，建筑界唯一获此殊荣的设计学专家。

1985年9月，庄俊和儿子庄涛声在家中留下了这张合影
时年庄俊97岁，庄涛声62岁

庄涛声的儿子庄朴对父亲回国后到唐山任教一事，在回忆文章中是这样描述的："虽然我不知、也不能忖度父亲是如何选择到唐山交大任教的，但是，每当回忆起随父母从北到南的生活岁月，我就可以感受到父亲当时做出的选择，一定来自他钟情于唐山交大在中华人民共和国教育事业中的作用和地位的感召力，也一定与祖父满腔热情地积极参与蓬勃建设事业的影响不无关系。这是刚过花甲之年的祖父和即将'而立'的父亲，两位校友、同道间不事张扬的心灵默契，是在那个火热时代，每一位爱国知识分子都会毫不犹豫做出的自觉选择。"

在庄朴的文章中，他还写道："上小学时，我也曾有过那个年代的'大学梦'，把我将来想上的几所大学写在一个小本上，第一所大学的名字就是'唐山铁道学院'！其实，那时她已经不叫这个名字了，但我并不知道，只是冥冥之中的一个念头。也许是因为父母曾偶尔提到在唐山、天津的生活，受到了某种感染，导致我做了那样一个梦。还有可能因为我是在'铁路城市'郑州上的小学，曾是学校足球队的守门员，在著名的火车头体育场举行校际足球比赛时，常有火车轰轰驶过，同学们就会发出更响亮的呐喊助威声。火车是我们那个年龄能直接接触到的最工业、最科技、最先进的庞然大物。在少不更事的年龄，做一个令人神往的梦，一点儿也不奇怪。尽管后来我乘的这趟‘列车’没到达唐山，生活轨迹转了一个弯，但是我的人生车轮没有脱轨，转了几趟车，完成学业，圆梦他方，并且一直从事电力建设，直至退休。”

庄俊（98岁）、庄涛声（63岁）、庄朴（34岁）
1986年，摄于上海家中

不难看出，庄俊的唐山交大情怀，不仅传给了儿子庄涛声，同时也影响到了第三代人庄朴。

1987年5月24日（农历四月二十七），上海建筑界人士为庄俊先生举办了百年诞辰纪念活动（按照习俗，男过99岁即应办百年诞辰）。

1990年4月25日，庄俊在上海逝世，享年102岁，如今庄涛声教授也已去世。但他们心系唐山交大的故事，我们觉得应该得到传扬，我们学校在100多年的发展史中，颠沛流离，多次搬迁，正是由于众多校友的关心、支持以及在学校工作的教师和职工的坚守和尽心尽职的奉献精神，才使西南交通大学今天仍能在交通工程领域处于全国领先的地位。我们应该学习校友这种爱国、爱校的精神，在我们的工作岗位努力为学校的发展贡献自己的力量。

后　记

2016年是我校建校120周年，为了记录学校120年所走过的艰难历程，河北校友会拍摄了专题纪录片《竢实扬华之唐山时代》。应导演、校友周力军先生之约，庄朴在2月24日上午接受了纪录片《竢实扬华之唐山时代》摄制组的采访，他简略地介绍了庄俊、庄涛声的事迹，并提供了很多珍贵的照片和资料。在他接受采访的同时，也对西南交通大学有了进一步的了解，他根据那天的口述内容加以整理，写成《庄俊、庄涛声与唐山交大——重读庄俊笔记》一文。本文的照片均由庄朴先生提供，文章参考了庄朴的文章以及范明女士《交大校友庄俊的建筑师生涯》一文（刊登于《唐院春秋》网站、《建筑学报》1985年第11期、《建筑学报》1987年第12期）。

作者：党委老干部部（离退休工作处）　贾　璐
公共管理与政法学院学生　陈梦莹

江秀炳与西南交通大学图书馆的《古今图书集成》

江秀炳

这是一张保存在本人档案中的标准照，照片上的人叫江秀炳，曾用名江俊甫。1893年12月出生于湖北黄陂县，1970年在唐山去世，在他人生的77年里，他经历了中国晚清、民国和中华人民共和国成立与建设这一段风云巨变的历史。他是清华学堂（今清华大学）成立后的第一期入学学生，此后，他的人生便与西南交通大学图书馆紧密联系在一起。

江秀炳少时家境尚可，且有亲姐及其夫家资助，先后在武昌西路小学和两湖矿业学堂求学。1911年，不满18岁的江秀炳考入了北京清华学堂，此时，270多年的清朝统治已走向倒计时，一场旨在推翻清朝专制帝制、建立共和政体的全国性革命早自1894年兴中会成立起业已肇始。1911年10月10日武昌起义爆发后，各地爆发保路运动，纷纷独立，脱离清政府统治；1912年元旦孙中山就职中华民国临时大总统；1912年2月12日，清政府发布退位诏书，这场民族民主革命运动酝酿、推动、促进了中国社会的巨大变革。此后，各路诸侯纷纷登场，外国列强虎视眈眈，中国陷入近代史上持续的内忧外患时期。

江秀炳不可避免地卷入历史洪流，在历经战乱停课、复课后，于1916年完成了学业。可是，令他遗憾的是，当时清华学校（1912年更名为此）希望学生强健体魄，尤为重视体育，要求学生毕业前必须通过游泳、百米跑、跳高、跳远、掷铁球等5项运动考试，如有一项不及格，就不发毕业文凭，且取消留学资格。据其亲人回忆，江秀炳因健康原因，体育课没有成绩，没有拿到毕业证①。档案中，江秀炳本人自述曾患瘰疬，两湖矿业学堂时期就曾休学半年，其后清华求学时也常住医院，没有体育成绩，不能继续留学深造。

1917年2月，结束学业后，经其矿业学堂同学陈定远转托时任段祺瑞政府教育总长的汤化龙（亦湖北人）介绍，江秀炳到唐山工业专门学校（今西南交通大学）参加了工作，担任仪器管理员及西文书记，自1918年7月始，改任图书管理员兼英文书记，1920年7月始任图书馆主任（图书馆馆长）兼成绩记录员及英文文牍，此后虽

① 《一位值得怀念的前辈老学长——清华学校早期毕业生、唐山交大图书馆主任江秀炳》，作者是清华大学1959届无线电专业康静修，江秀炳是他的姑父，文见清华大学校史馆网页“人物春秋”栏目：http://xsg.tsinghua.edu.cn/publish/xsg/8350/2016/20160307141427101557184/20160307141427101557184_.html。

历经战乱波折，一直负责管理学校图书，承担图书馆馆长职责，直至中华人民共和国成立后。

唐山工业专门学校的前身是1896年北洋官铁路局创办的山海关北洋铁路官学堂，这是中国政府最早创办的大学之一，它的历史发展沿革与国家危亡动荡的时局融为一体。1900年，学堂因八国联军入侵被迫停办；1905年在唐山复校后更名为唐山铁路学堂；在晚清的最后几年时光，又两度更名，1906年，增设矿科，更名为山海关内外路矿学堂；1908年，更名为邮传部唐山路矿学堂，由清政府邮传部直辖管理。1912年，中华民国成立后，学校更名为交通部唐山铁路学校，由民国政府交通部管辖；1913年奉民国政府教育部、交通部令，再更名为唐山工业专门学校，江秀炳就在此校名期间到校工作。

他工作期间，学校又多次调整、重组、更名，1921年是交通大学唐山学校，1922年是交通部唐山大学，同年更名为交通大学唐山土木工程学院。学校经历了三个世纪，历经朝代的变迁，战火的洗礼，频繁的搬迁，但这所学校始终薪火相传弦歌不辍，为国家培养了无数的社会精英和技术人才。

江秀炳工作的高校图书馆，本应是校园最为安静的地方，却不可避免地随着历史的轨迹不断震荡。1937年七七事变以后，抗日战争全面爆发，象牙塔受外敌入侵，像清华、北大等高校一样，学校校园被日本侵略军占领，学校被迫南迁湖南湘潭湘乡杨家滩；1938年，湖北武汉沦陷后，学校再次被迫西迁，翌年在贵州平越古城（今福泉市）复课；1944年11月，日军攻占贵州独山，学校再次迁校四川璧山；直至抗战胜利后，1946年8月，学校更名国立唐山工学院，回迁唐山原址办学，归民国政府教育部管辖。战乱中学校不断迁徙，颠沛流离，但办学火种不灭。一所学校的搬迁，除了人的奔徙流转，教学的书籍、学术典籍亦需随之保护、搬迁，这个重任不可避免地落在了图书馆主任江秀炳肩上。

铁路是中国晚清政府能最快接受和发展的西方近现代工业文明成果之一，作为清政府官办的铁路学堂，据考证，光绪三十四年（1908年），唐山路矿学堂获得了晚清政府颁赏的一部大型文献典籍《古今图书集成》①，正因为有江秀炳的苦心坚守和亲身守护，如今，这部珍贵的《古今图书集成》才得以保全，成为西南交通大学图书馆的镇馆之宝。

《古今图书集成》是一部大型类书，编撰起于康熙四十年（1701年），成书于雍正六年（1729年），历时28年。全书字数共1.6亿，分历象、方舆、明伦、博物、理学、经济6类，涵盖中国文、史、哲、理、工、农、医等学科，图文并茂，无所不包。初版仅印刷64部，一部5 020册。清光绪十六年（1890年），光绪皇帝命上海同文书局照铜活字本原式石印100部，并增《考证》24卷，一部5044册，卷帙浩繁，印刷精美。《古今图书集成》是查找古文献最重要的百科全书，亦是不折不扣的传国宝典。

据考证，光绪同文版《古今图书集成》100部在上海同文书局印成后，部分留用清廷，余书存沪，其余可由学宫书院或官绅自愿购买，惜为价甚巨，购者寥寥，且保存费用不菲；1901年，两江总督刘坤一奏请："因思现值各省广设学堂，凡关政治诸书，均宜详备。可否仰恳天恩，赏给每省一二部，并由外务酌提若干部解京，备发各衙门，俾资观览，既可节费，并得嘉惠士林。"获朱批谕旨允许，此后共约30部图书颁赐给各学堂。②

其间，1907年年底，邮传部奏呈《请颁给学堂〈图书集成〉折》，请旨将外务部尚有留存的同文版《图书集成》赏给所辖两学堂——上海实业学堂、唐山路矿学堂各一部，奏文说："臣部所辖

---

① 《三部同文版〈古今图书集成〉的收藏与流转》，作者欧七斤、张爱华，文见《图书馆理论与实践》2014年第2期，第67-69页。

② 《光绪朝石印〈古今图书集成〉的流传与分布》，作者何玲，文见《中国典籍与文化》2015年第4期，第75-84页。

上海实业学堂、唐山路矿学堂，前经责令各该监督切实整顿，现在图书、标本虽陆续购置，大抵近今译著之本，于旧学适用典籍尚未完备。伏维《图书集成》一书，荟萃群籍，不独国文足资考证，且与实业多所发明，新理旧闻两有裨益。查农工商部高等实业学堂及顺天五城各学堂均经奏明，颁发《图书集成》各一部在案。兹准上海实业学堂监督、前农工商部左侍郎臣唐文治，唐山路矿学堂监督、臣部候补郎中罗惇曧，先后呈请援案奏给，等因前来，合无仰恳天恩，颁给《图书集成》二部，俾资参考，恭候命下，臣部钦遵办理。”光绪三十三年十二月十八日（1908年1月21日）奉旨“依议”，是年春，两校陆续接到图书。①

学校南迁在即，怎样在日本侵略者铁蹄和伪政府淫威下，完好保存此书是图书馆主任江秀炳最操心的问题。1937年七七事变正值暑假期间，唐山校内师生多数离校，伪冀东政府池宗墨迁到唐山校内办公，日本军队同时入驻，校内留守教职员限期退出，江秀炳因安家唐山，留在当地，但接通告无奈退出学校，其后数日即得工友报告图书馆被入侵者打开，书籍狼藉满地，江秀炳痛心不已，旋即四处请托联系，经同乡曾固之介绍认识伪冀东政府一众官员，得到准许回校保管图书。1938年10月，伪冀东政府与伪河北省政府合流迁往保定后，唐山仅留伪冀东道公署，日本军队大量入驻学校后，伪冀东道公署和图书馆同时迁出学校，伪冀东道公署行政长官（道尹）韩则信想接收唐院图书，江秀炳不肯放手，奔走于北京、保定数月之久，得伪教育厅长孙今善同意，于1939年12月将校内图书迁往保定莲池图书馆保管，设莲池特种图书室。江秀炳携家迁保定守护。②

---

① 《三部同文版〈古今图书集成〉的收藏与流传》，作者欧七斤、张爱华，文见《图书馆理论与实践》2014年第2期，第67-69页。

② 据江秀炳档案自传。

江秀炳与家人（夫人康叔雅、儿子江林）在保定莲池图书馆合影（康静修供图）

1950年江秀炳、夫人康叔雅与儿子江林摄于唐院校友厅前（康静修供图）

在保定期间，日本侵略者大肆开展文化侵略，进行奴化教育和反动宣传，江秀炳和当时一名图书管理员马民甫被迫接受伪教育厅学务专员日本人小仓的专横管理，每每参加侵略者的宗教奴化活动，精神上痛苦不堪，但不得不忍辱负重，两人相互支持，与日寇和日伪政府周旋，斗智斗勇，竭尽全力，终于盼到了抗战胜利，保全了图书。1947年，这套书得以运回唐山交大校园，并于1971年随唐山铁道学院整体搬迁至四川峨眉。

1970年，江秀炳去世时，学校叫唐山铁道学院，两年后，学校更名西南交通大学，校名沿用至今。唐山铁道学院办学原址尚在，但其校舍在唐山大地震中不复存在。在“唐院”时期出生、成长的校子弟对唐山办学记忆犹新。

《古今图书集成》现存放于西南交通大学犀浦校区图书馆（吴蓉摄）

斯人已逝，怎样耗尽心力保藏图书的故事，已无法听取当事人娓娓道来，如今，这部《古今图书集成》完好安放在四川省成都市西南交通大学犀浦校区图书馆的特藏室内，静默不语，见证了晚清到中华人民共和国成立的艰难历程，见证了西南交通大学弦歌不辍的办学经历。

作者：党委老干部部（离退休工作处）　田　静
公共管理与政法学院学生　李汶芮

将军教授的订婚照

——记郭日修教授教育轶事

郭日修的订婚照（拍摄于唐山校友厅门前，黄永正供图）
前排从右至左：罗忠忱、罗榕英、郭日修、罗忠忱夫人李纹玉
后排从右至左：顾宜孙、鲍惠仙、黄寿恒

1948年正月十五（阳历2月24日），对郭日修来说，是个永远难忘的日子。这一天，罗忠忱教授在唐山工学院的校友厅为女儿罗榕英与郭日修举行了订婚仪式。参加仪式的有证婚人：顾宜孙教授。介绍人：黄寿恒教授和林秉贤教授的夫人鲍惠仙。

郭日修，祖籍江西永新，1924年7月18日生于南昌。1942年，在抗日战争最艰苦的时期，郭日修考入搬迁到贵州的交通大学唐山工学院（时称“交通大学贵州分校”）土木系，并在这里遇到了一位对他影响终身的导师——罗忠忱。在理论力学和材料力学的课堂上，罗忠忱教授虽然对力学有很深的造诣，但每次上课之前仍然会认真备课，反复修改讲稿，精选内容，寻找恰当的算例讲解。罗忠忱教授认真严谨的教学态度和终其一生的奉献精神给郭日修留下了深刻的印象。由于缘分的牵连，郭日修于1948年与罗忠忱教授的女儿罗榕英喜结连理，使得这段师生情得以以另外一种方式延续。

郭日修、罗榕英夫妇与大女儿合影（林霞供图）

1946年，郭日修大学毕业，被选为斐陶斐励学会会员。斐陶斐为希腊字母Phi、Tau、Phi之音译，分别代表哲学（Philosophia）、工学（Technologia）与理学（Physiologia），为科学的三大方面。斐陶斐励学会，也称斐陶斐荣誉学会（The Phi Tau Phi Scholastic Honor Society），是民国时期最重要的学术团体之一。只有全国著名大学最优秀的毕业生经在校老会员投票，全票当选者才能入选。由于郭日修成绩优秀，毕业后留校担任顾宜孙教授“结构工程课”的助教。

1947年8月，经著名结构工程专家蔡方荫教授推荐，郭日修来到清华大学土木工程系任助教。当时唐山交大毕业的学生李庆海、储钟瑞、张维都在清华任教授，郭日修被安排为夏震寰教授、吴柳生教授“结构学”“结构设计”课的助教。同时，他还为张维教授给研究生开设的一门课“高等材料力学”做辅导。这一段教学经历，让郭日修在结构力学和固体力学理论上有了进一步的提高，为他今后的发展打下了坚实的基础。

1949年12月，刚刚成立的中国人民解放军海军部队的一名同志通过清华大学党组织找到了郭日修，并对他说：“中国自古以来有海无防，自从鸦片战争打开中国大门以来，近百年帝国主义对中国的侵略都来自海上，所以中华人民共和国必须建立海军，巩固海防，防止帝国主义侵略。建军先建校，现在我们正在筹建大连海军学校（现海军工程大学），培养大量海军专业人才和后备干部。解放军是从陆军出身的，没有办海军学校的经验，我们请了外国专家和教员。但是，中国人的事还是要中国人自己办！所以我们想请你去大连海军学校参加建校。”这番话无疑触动了郭日修心中澎湃的爱国情绪。他亲身经历过旧中国的积贫积弱，1939年春，郭日修老家南昌市被日军攻陷，房屋家产全被掠夺，全家从南昌逃难出来，国破家亡、颠沛流离的痛苦经历和满腔的革命热情使郭日修毅然放弃了清华园幽静的环境、浓厚的学术氛围等诸多有利于个人学术发展的条件，抱着“读书救国、工程救国”的伟大志愿来到了几乎从零开始的大连海军学校。

1950年2月，郭日修来到大连海军学校报到，先为学生讲授“理论力学”，后因师资缺乏，又承担了“材料力学”这门课。郭日修虽然在大学里学过这门课，并且师从罗忠忱教授，但真正为学生讲授这门课还是让身为助教的郭日修感到了巨大的压力。有了自己老师罗忠忱教授的榜样作用，郭日修全力以赴，充分备课，认真讲课，取得了良好的教学效果，受到了学校领导的表扬，也增加了讲课的自信。

1951年秋，学校成立造船工程系，这是中华人民共和国成立的第一个以军舰设计制造为专业的造船系。校领导考虑到设计军舰应用的“船舶结构力学”和土木工程系从事的“结构工程”理论基础有一些共同的地方，便让郭日修“临危受命”，从事相关教学工作。

“船舶结构力学”是造船专业的一门主干课程，船舶结构比土木工程的结构要复杂得多，土木工程的“结构力学”主要内容是杆系结构（桁架、刚架），而船舶结构力学的理论基础，除一般的杆系结构力学外，还有弹性基础梁、格排梁（grillage beam）、圆环、薄板和加劲板、加劲壳等。因为郭日修在辅导张维教授为清华大学研究生开设的“高级材料力学”课时，具备了这些基础理论知识，所以勇敢地承担了这门课的讲授任务。面对这项繁杂的任务，任劳任怨的郭日修就带领着年轻教师们向这方面的专家学者请教，夜以继日地翻译国外的教材，编写自己的教科书。在国内，海军学校是第一个开设船舶结构力学的学校，船舶结构力学学科也由此开始引入中国。此后，郭日修一直在这个专业领域从事教学和科研工作，长达六十余年。

“文化大革命”结束后，海军工程学院恢复招生，再次担任造船工程系主任及系党委书记的郭日修面对造船工程系教员队伍断层的问题，于1984年提出了建立船舶结构力学博士点，培养博士生充实教员队伍，并向海军输送高素质、高层次的造船专业人才的意

郭日修教授军装照（林霞供图）

博士点获批准，郭日修再一次挑起大梁。并没有为博士生导师，率先在海军培养博士生，为海军出了第一步。

院校自己培养的第一个博士，也是郭日修指导的强顺利毕业。由于学位论文的高水平创新，索志员会授予“突出贡献的中国博士学位获得者”荣校获得船舶与海洋工程一级学科博士学位授予学科博士点为基础建立了博士后科研流动站，可以说郭日修教授为海军工程大学的学科建设做出了突出的贡献。

在海军工程大学，郭日修被评为技术一级、文职一级。如今的海军工程大学是全军著名的多兵种专业类高等教育院校。建校以来，这里走出了十几万名高素质军事人才，近百位共和国将军和5位中国工程院院士，为祖国的海防事业建设贡献了突出力量。

1996年，他已经72岁，但因为中央军委批准了学校让他“暂缓退休”的要求，他仍然活跃在科研工作第一线和各种学术论坛上。他曾先后获军队科技进步二等奖1项、三等奖2项，全国高校造船专业优秀教材一等奖、海军优秀教学成果一等奖、原国家教委“从事高校科技工作40年成绩显著”荣誉证书，并享受国务院政府津贴。他指导的博士生董文才的毕业论文《滑行艇及平板气层减阻的研究》于2015年入选全国优秀博士学位论文。

2015年7月15日，海军工程大学隆重举行了庆祝郭日修教授从教70年大会，并宣布他光荣离休，此时郭日修教授已是91岁高龄了。

2017年，为表彰郭日修教授的突出贡献，由习近平主席亲自签署主席令，颁发中国人民解放军胜利功勋荣誉章。

戴着中国人民解放军胜利功勋荣誉章的郭日修教授（林霞供图）

郭日修教授是我国舰船结构力学学科创建人之一，由于他在学术理论上的建树，1985年被聘为国务院学位委员会第二届学科评议组成员。他还先后担任过第三届全国人大代表，中国造船工程学会第二届理事、船舶力学学术委员会第二届副主任委员等职。

郭日修教授热爱母校，在学校庆祝百年校庆、105年校庆、110年校庆时，他都返校参加了庆祝活动，并应邀为学生做报告，他还捐款重新恢复了“建候奖学金”（“建候”为罗忠忱教授的字，抗战时期学校曾设“建候奖学金”）。他先后为母校捐款十几万元，表达了他对母校培育的感激之情。

而他的夫人罗榕英一直陪伴在他的身旁，在市图书馆工作。100年校庆和110年校庆时，他们都在子女的陪同下来学校一起参加了纪念活动。罗榕英出生于1924年，与郭教授同庚。2017年10月6日，罗榕英病逝，享年93岁，她伴随郭老近70年，郭老的军功章后面是一位女性的无私付出。

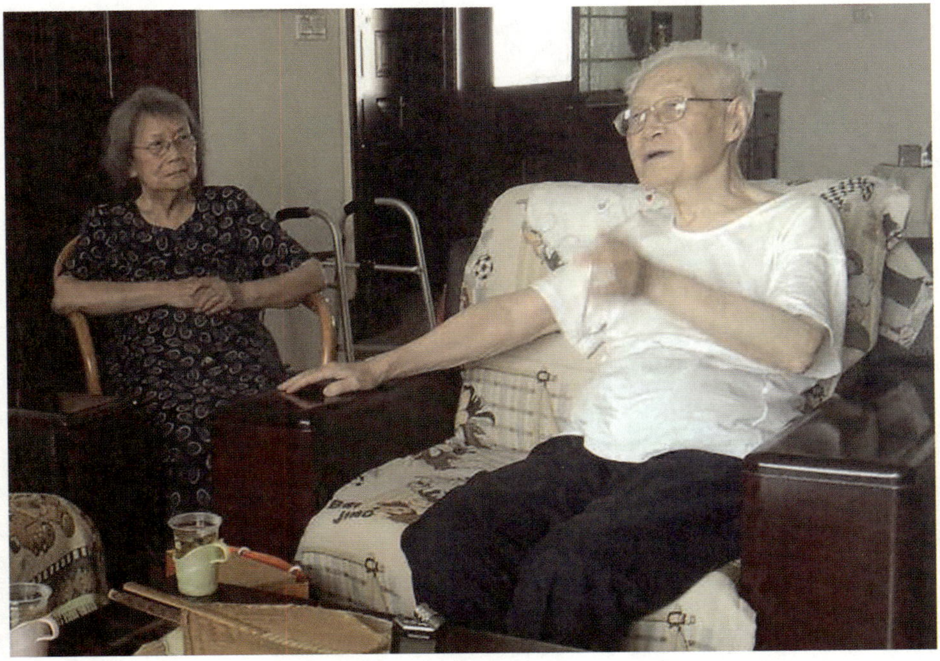

相伴一生的郭日修教授与夫人罗榕英在家中留影（林霞供图）

从唐院求学，到清华执教，再到投笔从戎，献身国防科技事业，执我国船舶结构力学牛耳，郭日修教授的一生实践了自身“读书救国、工程救国”的宏愿。在祖国最需要的时刻，他勇担重责，敢于争先，无视纷繁复杂的社会动荡与时代风潮，坚守在学术阵地中，秉持初心潜行70年，开辟了新的学科，收获了丰硕的学术成果；他治学严谨，言传身教，德高学范，为国家、为民族培养出一批批优秀的高层次造船专业人才。他像光明的火炬，穿透学术雾霭，为学科的建设和发展指明了道路；他像及时的春雨，滋润了年轻学人心田，凝聚了济济人才；他像和煦的春风，温暖地拂过麦田，勾勒出祖国海军船舶事业春华秋实的丰收愿景。耄耋之年，他仍能挺身而立，他的身上展现了和那无数为国家兴旺、民族振兴而自强不息、奋斗不止的前辈先贤一样不屈的风姿和挺直的脊梁！

作者：党委老干部部（离退休工作处）　胡俊毅
公共管理与政法学院学生　王沛钰

参考资料

郭日修：《回忆张维先生》，载《张维百年诞辰纪念文集》。

郭日修：《一代宗师，风范长存——记我国第一代工程力学教授罗忠忱》，《力学与实践》2004年第1期。

唐院“秀才兵”们抗美援朝的故事

2020年10月19日，纪念中国人民志愿军抗美援朝出国作战70周年主题展览在北京军事博物馆开幕，党和国家领导人参观了展览。10月23日，习近平总书记出席了在北京人民大会堂召开的“纪念中国人民志愿军抗美援朝出国作战70周年”大会，并发表了重要讲话。习近平总书记说：“伟大的抗美援朝精神，是中国共产党人和人民军队崇高风范的生动写照，是中华民族传统美德和民族品格的集中展示，是以爱国主义为核心的民族精神的具体体现。”

70年前，在抗美援朝战争中，曾出现一支由在校大学生组成的特殊队伍——北方交通大学唐山工学院（西南交通大学前身）抗美援朝工程队（简称“唐院抗美援朝工程队”）。他们既是学生，又是战士，在战火纷飞的战场上，他们与中国人民志愿军并肩战斗，不怕牺牲，为战争的最后胜利，做出了巨大的贡献。今天，我们更愿意亲切地称这些工程队队员们为“秀才兵”。在纪念抗美援朝出国作战70周年之际，我们寻访了当年的工程队队员，聆听亲历者的述说……

在成都市哺恩养老院，我们采访了第一批唐院抗美援朝工程队的“秀才兵”陈大鹏教授。陈大鹏教授于1929年10月出生，1946年考入唐山工学院，1951年3月参加唐院抗美援朝工程队，他是工程队目前唯一健在的离休干部。

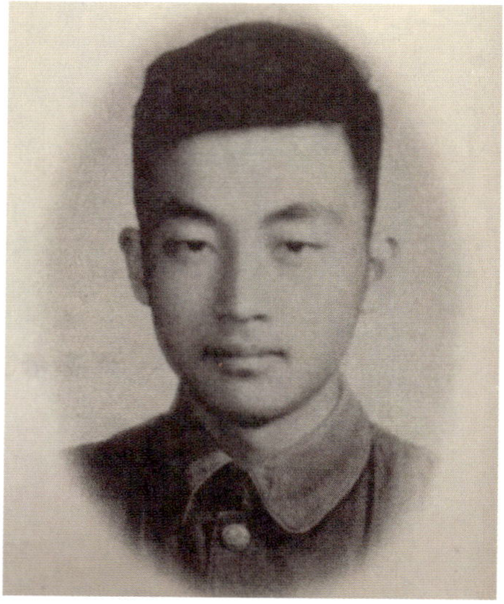

陈大鹏年轻时的照片

2020年陈大鹏在哺恩养老院接受采访

提及“抗美援朝”四个字，91岁高龄的陈大鹏教授激动地给我们讲述了激情岁月的经历。他清楚地记得，1951年3月24日，顾稀

学校召开大会欢送抗美援朝工程队（陈国藩供图）
从左至右：陈立、陈国藩、周棣莩、邓域才

院长来到课堂，对大家说：“今天不上课，有件事比上课还要紧，时间要求紧迫。”大家好奇之际，顾稀院长继续讲：“有一紧急国防建设任务需要一批学过土木的、对铁路了解的年轻人奔赴前线，大家自愿报名。”听到祖国在召唤，同学们纷纷响应，第一批唐院抗美援朝工程队于3月24日当晚迅速组建成立。

3月25日，工程队从唐山火车站出发，坐的是货运闷罐车，进去以后里外隔绝。出于保密的原因，出发前大家对具体的工作任务并不清楚。一路上除了定时有人送吃的东西到车厢，队员们对到哪去、干什么这些信息都不知晓。3月26日，工程队抵达安东（现丹东），与西北干线铁路局机筑队合编成中国人民志愿军空军第六工程队。过了鸭绿江大桥，铁路被炸毁，工程队只能改坐拉货的大卡车。行驶路上时常遇到美军飞机轰炸，只要侦查到地面有光亮，敌机就开始扫射。实际上，到目的地的路途并不远，但汽车走走停

唐院抗美援朝工程队在鸭绿江边合影（陈国藩供图）

停，行驶非常缓慢。到达目的地，工程队队员们才明确知道此行的国防建设任务：因为朝鲜战争开始时，制空权在美军手中，为了争夺制空权、防空作战和支援地面部队作战，当务之急，就是要尽快修建供战斗机使用的机场。

4月23日，顺川机场开工建设，当敌人发现我方修建机场的行动后，几乎每天都派飞机侦察和轰炸。有一天，陈大鹏和同班同学郝瀛（小组副组长）、尹亮俦正在机场建设坪测量，敌机开始空袭，三人就近跳进一个沙坑作为掩护，最下面是尹亮俦，中间是陈大鹏，上面是郝瀛，最后跳进沙坑的是一位叫李洪的空军参谋。敌机轰炸过后，陈大鹏就听到李洪在叫他，说受伤了。尹亮俦身强力壮，立即背起李洪送往卫生队，而郝瀛站起来，才发现臀部被一块弹片击中，也受了伤。因为陈大鹏和尹亮俦在防空洞的下方，他才在这次空袭中安然无恙。

面对美军飞机的狂轰滥炸，工程队队员们毫不畏惧，白天炸毁的跑道，晚上连夜抢修，在完成顺川机场的修建任务之后，他们转战开始修建价川机场。此时，我军装备了高射炮，加强了防空力量，修建机场的进度加快了不少。1951年11月4日，价川机场顺利竣工。

1951年12月1日，第一批唐院抗美援朝工程队队员们完成任务凯旋。唐山市政府在火车站广场举行了盛大的欢迎仪式，市领导和各界群众代表为工程队队员带上红花，并献上锦旗。全院师生从火车站夹道将工程队队员们迎进校门，70多岁的罗忠忱教授专程迎接这群“秀才兵”的凯旋，并在校门口合影留念。

第一批抗美援朝工程队回国后在交大（唐院）大门前留影（陈国藩供图）

采访结束时，陈大鹏教授深情地说："经受过朝鲜战场上生与死的考验，我才能够在工作中面对一切困难，为国家、为学校建设做出自己的贡献。"

1952年4月，根据朝鲜战场形势的需要，唐院组建了第二批抗美援朝工程队奔赴朝鲜，筹备修建用于和平谈判的开城机场。我校退休职工李恩伦就是第二批抗美援朝工程队队员之一。在"晚晴苑"我们采访了今年已88岁高龄的李恩伦老师，提及往事，激情岁月中的一幕幕浮现在他眼前……

李恩伦年轻时的照片

2020年李恩伦在晚晴苑接受采访

根据李恩伦老师回忆，出征那年他20岁，结婚仅28天。听到祖国的召唤，他毫不犹豫地报名参加了抗美援朝工程队。5月2日上午9点左右，第二批工程队过了鸭绿江之后，在秦川待命。其间，工程队安排了学习总结活动，学习了朝鲜语（简单的生活用语）。在这段日子里，李恩伦等队员的主要任务是为工程队队员提供后勤保障。由于部队有纪律，为了减轻朝鲜人民的负担，不能在当地采购粮食和副食品，所以队员们吃的米面、肉类和蔬菜都要从国内运来。白天，他们千方百计为队员们做出可口的饭菜，晚上，为队员们站岗放哨。至今，李恩伦老师还能说简单的朝鲜日用语。开城机场在修建过程中受到多种因素的影响，修修停停未能完成。最终，第二批工程队于8月22日至10月22日期间完成阜新机场修建任务顺利归来。

结束采访时，李恩伦老师激动地说，工程队三次入朝都圆满地完成了工程任务，而最大的幸运是工程队100多人里没有一个队员牺牲。在朝鲜的日子是他一生中最值得纪念的一段经历，参加抗美援朝工程队是他一生中的无悔选择。

我校土木工程学院的陈禄生教授是唐院第三批工程队的“秀才兵”之一。据他回忆，1953年7月，当时他们正在进行期末考试，突然接到上级命令，立即组织第三批抗美援朝工程队赴朝执行任务。

7月25日晚，唐院第三批工程队再次出征朝鲜。27日早晨，工程队乘汽车渡过了鸭绿江，途经军隅里（朝鲜北部的一座城市），大家已看不到任何城市建筑，只看到一个标着地名的牌子，整座城市被战火夷为平地。上午10时，“联合国军”总司令克拉克在停战协议上签了字，当晚，平壤市上空亮起了为庆祝停战而燃放的烟火。此时，大家并未得到停战的消息，以为是敌机再次袭击轰炸，工程车和往来的军车赶快熄灭车灯，全体进入防空状态。后来一直没有看到敌机，才知道是一场虚惊。车子在平壤广场上停下，大家就地休息，有的人睡在汽车底下，有的睡在路边，经过一夜的休整，第二天一早，工程队继续向目的地出发，大家看到的平壤也是满目疮痍。

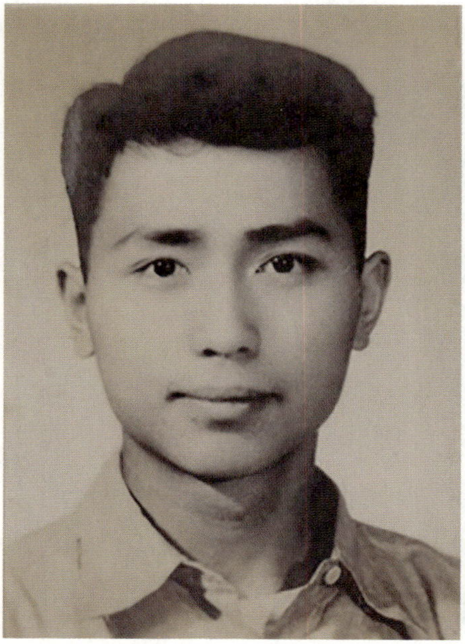

陈禄生年轻时的照片

2020年陈禄生在家中接受采访

虽然签订了停战协议，但谈判期间相互之间还有很多事情要做，如交换战俘等，谈判使用的小型飞机需要有机场起落。所以，第三批唐院抗美援朝工程队在开城抢修了飞机场。这个机场选址位置在一片稻田里面，他们首先要挖掉稻田里的稻子和泥土，然后再开展测量工作。当时恰逢雨季，时间紧，任务重，队员们和志愿军战士一起克服重重困难，奋战一个月，圆满完成了任务。9月12日，第三批唐院抗美援朝工程队回到唐山，受到全院师生的热烈欢迎。

陈禄生和沈大元身穿志愿军军服的合影（陈禄生供图）

2010年5月15日，学校在114周年校庆之际，隆重举行了“西南交通大学（唐院）抗美援朝工程队60周年纪念大会”。西南交通大学经过整理部分工程队员口述历史和收集纪实照片，出版了《当祖国召唤的时候——交大（唐院）抗美援朝工程队纪实》一书，为我们留下了这段在西南交通大学历史上可歌可泣的史料。学校还

2010年，（唐院）抗美援朝工程队60周年纪念大会部分工程队队员和交大校友在校区大门前合影

组织了当年抗美援朝工程队队员们的返校活动，向全校师生介绍了在朝鲜战场修建机场的动人事迹，当时有29名队员参加了返校纪念活动。十年过去了，当我们今天想采访这些“最可爱的人”时才发现，很多工程队队员已经先后离开了我们。今年，我们有幸采访了三位居住在成都的老工程队队员，他们为我们留下了可贵的影视资料，和他们口述的当年的历史一起，成了今天我们纪念抗美援朝出国作战活动中，最直接、最生动、最感人的内容。

我们怀念那些去世的唐院抗美援朝工程队员：陈国藩教授当年携带了一个照相机，为我们留下了很多珍贵的照片；郝瀛教授为我们提供了他珍藏的越南留学生赠送给工程队的笔记本；伏魁先、胡敬俺、何广汉、邓域才、卓健成、傅晓村、张鍼等教授为十年前编写《当祖国召唤的时候》一书撰写了回忆文章，其中一些同志还参加了纪念活动。如今他们离开了我们，但他们永远活在我们的心中，永远是我们心中最可爱的人。

习近平总书记说：“什么是抗美援朝精神？祖国和人民利益高于一切，为了祖国和民族的尊严而奋不顾身的爱国主义精神，英勇顽强、舍生忘死的革命英雄主义精神，不畏艰难困苦、始终保持高昂士气的革命乐观主义精神，为完成祖国和人民赋予的使命、慷慨奉献自己一切的革命忠诚精神，为了人类和平与正义事业而奋斗的国际主义精神。”正是这种精神，激励着唐院师生员工参军参干，参加抗美援朝工程队赴朝鲜修建机场，捐献财物购买飞机大炮。正是这种精神，激励着唐院师生员工殚精竭虑，团结一致，努力做好本职工作，创造了中华人民共和国成立后学校历史上的第一次辉煌。正是这种精神，铸就了那个激情燃烧的岁月。正是这种精神，给唐院的当代人和后人留下了常青的记忆和宝贵的精神财富。

唐院抗美援朝工程队是全国大学生保家卫国的杰出代表，唐院抗美援朝工程队不怕牺牲、不畏艰险的品格是交大人竢实扬华、自强不息精神的体现。当祖国召唤时，他们毅然奔赴朝鲜战场，从大学生成为普通士兵走上前线。在抗美援朝战争中，我校先后三批共136名师生奔赴朝鲜战场，与中国人民志愿军战士一起为最终取得抗美援朝战争的胜利贡献了自己的力量。这些“秀才兵”们发扬着“一不怕苦，二不怕死”的革命精神，用实际行动谱写出一首首英雄赞歌。在抗美援朝战争中，派遣如此多的师生奔赴前线与志愿军战士一起战斗，这在当时的高校中是罕见的。我校师生以扎实苦干的实际行动为中华人民共和国高等教育史和西南交通大学校史浓墨重彩地写下了光辉的一篇。

作者：党委老干部部（离退休工作处）　徐海霞

难忘的潭柘寺岁月

20世纪50年代潭柘寺全景（王开智供图）

这是一张20世纪50年代位于北京西郊的潭柘寺照片。潭柘寺——古有龙潭、柘树，因而名焉。相传这里有一些美妙动人的故事，是京城有名的游览胜地。如今的潭柘寺香烟缭绕、金碧辉煌，

今日潭柘寺航拍图

来往的游人香客络绎不绝，那紫色白色的古兰玉仍在吐露着芳香，山门和殿前的银杏古树依然枝叶繁茂、苍劲挺拔。那您可否听闻在潭柘寺建成至今1700年的历史中，这里曾响起西南交通大学1953级莘莘学子的琅琅书声？清晨，在沐浴着鸟语花香中苏醒；夜晚，在皎洁的月光和清新的松涛声中入眠……千年古刹与一所名校在此相会，给年轻的学子们留下了一段难以忘怀的青春记忆。

潭柘寺开创于晋，肇兴于唐朝，到元代时，潭柘寺已经成为西山首刹，前有妙严公主入寺修行，后有姚广孝潜心修行。到了清代，康熙皇帝对寺院大兴扩建，奠定了潭柘寺在政治上、宗教上的显要地位。从金熙宗到明英宗再到清康熙，历代皇帝的垂顾是潭柘寺千年不衰的重要原因。由于金元明清几代朝廷的“恩赐”，再加上信徒们的“馈赠”，寺庙的规模也不断扩大。潭柘寺建在群峰回环的半山坡上，幽静的福地蕴含着“深山藏古刹”的传统。

时光回转到了1952年，唐山铁道学院（现西南交通大学）因在唐山拟新建校址的地下石灰岩层内均系将开采的煤层，不能开工建设，经政务院文化教育委员会同意，学院铁道建筑系、桥梁隧道系、铁道运输机械系、电气运输系等四系的大一新生借用北京西郊潭柘寺办学。以郭可詹、黄克欧、李泳等为代表的一批严师和张毅、王润霖等刚刚参加工作的政工干部，秉持严谨治学、严格要求的传统，与1953级新生一起在校史上留下在潭柘寺办学一年的佳话。潭柘寺这座千年古刹在这个节点与传授最先进科学技术的高校有了一段交集，堪称这座著名寺庙历史上的一段奇缘，足以载入史册。

1953年的金秋，古庙初现学校的雏形：大殿变成了礼堂，厅堂变成了教室，经堂变成了阅览室，僧人的斋膳堂变成了食堂。同年9月中旬，几百名学子从唐山乘客货混专列到达北京的门头沟车站，徒步爬山2小时到达潭柘寺，开始了既精彩又紧张的大一求学生涯。

在开学的第一天，尊敬的党和国家领导人朱德同志正好来到潭柘寺，受到同学们的热烈欢迎。朱总司令用浓浓的四川乡音讲："同学们好，今天你们开学了，祝你们身体好，学习好，将来工作好。"朱总司令离开潭柘寺时，师生员工们有秩序地站在道路两旁夹道相送。见面时间虽然短暂，但总司令的到来体现了党和国家领导人对青年一代的无限关怀和殷切期望，极大地提升了同学们的学习热情。次年初春时节，时任党中央政治局委员的彭真同志也来到了潭柘寺，在大殿前为同学们做了精彩的报告。他指出，国家建设事业飞速发展，急需培养又红又专的高级建设人才，青年人要在艰苦的环境中磨炼。同时，他还引用《陋室铭》勉励同学们要在潭柘寺内修炼成党和人民需要的"佛"。

潭柘寺办学条件十分有限，但师生们秉承着老唐院"严谨治学、严格要求"的优良传统，克服困难，潜心教学。潭柘寺地处深山之中，寺内蝎子甚多，山区毒蛇不少，更为可惧的是山区里有狼，特别是夜间常听到庙外有狼的叫声。据在潭柘寺入学的1953级桥隧系张开敬学长描述，每周末晚上经过返校的山路，同学们都会开着电筒，一路小跑埋头赶路，隐约一两声的狼叫让人心惊胆战。虽然条件十分艰苦，但是在潭柘寺办学的一年里，老师们一丝不苟、认真负责，备课和辅导十分用心；政治辅导员深入学生开展工作，与学生真诚相处；教务工作人员有序安排各种教务工作。在艰苦的环境中，师生相濡以沫，一个团结和谐、积极向上的集体在深山中默默奋进。

笔者采访张开敬老师并一起合影

一年的潭柘寺学习生活虽艰苦却又有趣、虽简单却又丰富，让学长们终生难忘。时任电气运输系班长、后来曾任学校副校长的白家棣学长回忆：高等数学教师黄克欧老师倾情传授毕生所学，讲到忘情之处直接用帽檐擦起黑板的动作增加了课堂的趣味；几十个学生挤在由大殿改建的宿舍里，用火炉取暖；“肉干饭”“花熘肉片”“茄子烧西红柿”等佳肴在那个物资匮乏的年代依然免费给学生提供；每天早晨的晨跑是学生的必修课，体育课也充分利用山地条件开展，跳绳、滑冰备受同学喜爱；周末夜晚在大殿集体举行的交际舞会更让人流连忘返；元旦晚会上，同学们跳着蒙古舞、唱着“黄河颂”……在深山中的“古刹校园”里，处处迸发和激荡着青春的光影。

更让学长们难以忘怀的，是1954年潭柘寺全体师生参加首都的庆祝“五一”游行。据张开敬老师忆述：“4月30日晚上师生下山暂住在北京铁道学院，清晨两点就起床，步行到东单北大街排队。我们跟随京院的方队走在游行队伍的最前面，约11点通过天安门，见到了毛主席。傍晚，同学们高歌前行在东西长安街上，在天安门广场前观看焰火表演，心里有说不清的高兴与兴奋。”1953级学子在潭柘寺的学习生活是紧张而又充实的，短暂的时光让他们一生怀念。

1954年在潭柘寺艰苦学习课间休息时乐观趣玩的学生

白家棣老师向笔者忆述潭柘寺的岁月

人生几何，岁月如梭。如今半个多世纪过去，那一年在潭柘寺求学的学子们大多步入耄耋之年，青年时代多彩斑斓的梦也停留在潭柘寺。回顾1953年数百学子意气风发地入学于北京市潭柘寺，近70年来，这届学子在祖国的铁道和其他战线上都做出了重要贡献，不少人锻炼成长为中华人民共和国铁路工程、机车车辆、科技教育以及国家和地方党政部门的精英和骨干。

潭柘寺这一年的历史，是值得交大人纪念的。2016年5月29日上午，西南交通大学潭柘寺办学纪念碑揭幕仪式在北京潭柘寺顺利举行。北京市门头沟区文委副主任巩旭东、潭柘寺景区党委书记赵利河、西南交通大学副校长朱健梅、纪念碑立碑发起人1962级史善新学长、潭柘寺办学期间的教师代表和学生代表等人出席立碑仪式。作为铁路工程师摇篮的母校，在1953年为响应国家号召，扩招铁路建设人才，在原校舍不敷使用的情况下在北京潭柘寺建校办学，为学校留下了一段多彩而光辉的历史。正值母校120周年校庆之际，在原址立碑，既是对那段历史的纪念，也是对全体交大人的激励。

潭柘寺办学纪念碑揭幕仪式现场

三年后，在西南交通大学建校123周年之际，北京校友会在北京潭柘寺举办了“庆祝母校建校123周年暨潭柘寺办学纪念活动”。该纪念碑建立三年来，一直受到在京校友们的牵挂，给予校友们鼓励。大家在纪念碑周围精选种植了一棵油松，寓意母校万年长青；一颗红叶碧桃，寓意桃李满天下；背面栽植翠竹，寓意百尺竿头节节高。在纪念碑周边地面镶道牙、铺草坪。全体校友在纪念碑前集体合影，纵情高唱《革命人永远是年轻》，激越的歌声在潭柘寺上空久久回荡，表达了校友们对潭柘寺那一年历史的感怀，以及对母校培育之恩的感激，更表达了校友们继往开来、复兴母校的信心和决心。

柘树报喜，龙潭辉煌。1953级的西南交大学子都已进入耄耋之年，但潭柘寺的往事却在他们的人生中留下了浓墨重彩的一笔——那是一代西南交大学子的青春年少，是学有所成报效祖国的豪情壮志。在筚路蓝缕的旅途，唐院办学虽辗转迁徙，但是永远恪守“精勤求学，敦笃励志，果毅力行，忠恕任事”的校训，初心不改。今天的西南交通大学，作为百年老校，再次站在了新的历史起点。作为新时代的西南交大学子，我们有幸遇到这样的时代，但时代更有幸遇到了我们。“青春因磨砺而出彩，人生因奋斗而升华。”新时代在召唤我们，在祖国日新月异的今天，我们要继续弘扬“竢实扬华，自强不息”的交大精神，不忘初心、牢记使命，努力学习、勤勉工作，在实现中华民族伟大复兴中国梦的新长征路上奋勇搏击。

作者：党委老干部部（离退休工作处） 廖　军
公共管理与政法学院学生 秦　彩

蔡英教授和他的“南方同学”

这是一张60年前的照片，我校铁道建筑系56—2班全体学生的毕业照，照片第一排左起第三人为越南留学生黎文转，左起第五人为越南留学生黎文举，第一排右起第四人为蔡英。（蔡英供图）

最近，我们有幸采访了蔡英教授，听他给我们讲述他和“南方同学”的故事。

蔡英教授，博士生导师，曾任土木学院铁道系主任，主要研究方向为路基动力学与路基工程结构设计理论。1956年他从广东湛江一中毕业后考入唐山铁道学院（西南交通大学前身），毕业后留校任教，从此与铁路结缘。他曾作为铁道部高速铁路建设办公室的专家组成员之一，参与了中国第一条现代化的重载铁路——大秦铁路和第一条客运专线——秦沈铁路的设计和建设工作，培养出了包括武广客运专线的正副总工程师等众多铁路建设人才，在我国高速铁路建设有关重要技术参数的研究方面做出了重要贡献。他参与主编的《铁道工程》一书被视为铁道工程领域的“新华字典”。

2020年81岁的蔡英教授，深情地回忆“南方同学”

1956年，蔡英怀揣着建设中国铁路的宏愿来到唐山铁道学院铁道建筑专业学习。当时他听说学校有越南留学生，统称“南方同学”。没过多久他们班上就来了两名“南方同学”——黎文转和黎文举。

将越南留学生称为“南方同学”，源自1950年12月我校接收的第一批越南留学生，共19人。这批留学生的培养任务是中央军委下达的，是为越南军方培养的工程技术人员。由于保密工作的需要，要求学校统称他们为“南方同学”。后来通过正式的外交渠道，我们学校又陆续接收了大批越南和朝鲜的留学生，但学校的师生还是习惯性地称越南留学生为“南方同学”。

第一批南方同学赠予阎焘（左一，曾任西南交通大学校长、党委书记）的照片，右一为副院长白铁岩（阎士英供图）

蔡英教授告诉我们，这两位越南留学生和中国同学一起在我们学校度过了五年学习时光（从1956级学生开始，工科大学学制改为五年）。这五年也是国家动荡的五年，1957年是反右运动，1958年是大炼钢铁，1960年又赶上了经济困难时期。他们和我们中国同学一起学习、生活、参加各种劳动，只是吃饭时，学校专门为“南方同学”设立了留学生食堂，没有给他们定量，并提供细粮（白面和大米）。这种照顾，同学们都能理解，毕竟他们是国际友人。

“但他们没有将自己看作是国际友人，我们组织的各种劳动，他们都积极参加，和我们一起麦收，1958年和我们一起大炼钢铁。”在学习和生活中他们和中国同学建立了深厚的友谊。在粮食困难时期，黎文举曾从家乡给蔡英寄来油炸香蕉干，这在那个特殊的年代，无疑是最珍贵的东西了。

蔡英老师回忆，“南方同学”在学习上非常努力，由于语言和文字的差异，他们在学习上的困难比我们要大，但他们从不气馁，虚心向老师请教，与同学研讨，其中黎文转的成绩更显优秀。这些“南方同学”回国后，在越南的社会主义建设中做出了成绩，如黎文转、黎文举后来成了越南交通大学的教授，1954级的越南留学生邓友担任了越南共产党中央政治局委员，还有曾任越南计划委员会主任的杜国琛，越南交通部副部长、总工程师阮廷现，越南河内交通大学校长、环境保护部副部长黎贵安，越南交通部设计院院长陶春林等政界人士都是当年在我校留学的“南方同学”。

1964年，黎文转又考上了我校研究生，此时蔡英留校任助教。系主任张鸿逵教授交给了蔡英一项任务，与黎文转结成“一对一”的学习小组，协助张教授完成黎文转的毕业设计任务。

黎文转毕业论文选题是关于软土路基方面的，由张鸿逵教授和铁道部科学研究院的卢肇钧、周镜研究员指导。卢肇钧、周镜都是土木工程专家，卢肇钧1991年当选中国科学院院士，周镜1994年当选中国工程院院士。当时他们俩分别为他开设“一对一”的专业辅导课，卢肇钧研究员当时安排黎文转到东北大赉（后与安广县合并现为大安市）去做毕业设计，参加现场实验。大赉位于嫩江附近，其周围有较多的软弱地基。蔡英陪同黎文转一起来到现场，实习单位能为黎文转提供的最好的居住地方，也就是一间泥巴房，而工程师和工人们都住帐篷里。这段实习虽然艰苦，却为黎文转积累了丰富的论文素材。其间卢肇钧研究员还专程到东北指导黎文转的论文写作，学院也派梁钟琪老师去大赉探望和慰问黎文转。而蔡英也要定期向学校汇报黎文转实习的情况。

因为东北没有做实验的条件，于是又联系黎文转去南京水利研究院做实验。当时的南京水利研究院在软土水工建筑方面已有深入研究。黎文转利用研究院的仪器与南京当地的条件做实验，该院国内土木界知名的工程师马梅英、窦宜等都曾为黎文转授课、指导。在这些著名教授和工程师的指导帮助下，黎文转在软土路基、铁道工程方面的实验获得了一系列科学数据，为论文的写作积累了宝贵的原始资料。

从南京水利研究院回到学校，黎文转就投入到了紧张的室内试验和论文写作中，蔡英始终陪同着他，在生活方面，为黎文转提供了很多的帮助。

黎文转的毕业论文，全文结构基本合理、科学，逻辑思路清晰，从主题到内容符合专业要求，在科学实验数据的支撑下，有自己的创新点。在论证过程中也能较好地将专业知识原理与现实问题结合起来，完全达到毕业论文的要求。蔡英协助黎文转做毕业论文的这段经历，既是中越人民友谊的见证，也是我校校史中一段值得记载的历史，因为我校是中华人民共和国成立后最早接收外国留学生的高校。即使到了1966年，全国高校中接收外国留学生的也不多，尤其是在一座连省会都不是的城市，这在全国高校中恐怕是寥寥无几。

2006年学校在举行110周年校庆纪念活动时，20世纪五六十年代在我校学习的越南留学生来到了成都西南交通大学，共庆母校生日。和越南留学生时隔40多年后再相见，蔡英教授百感交集，他在家中款待了当年的同学，共同回忆了在唐山学习时的难忘时光。同时双方希望两国能够在教育领域开展合作，让越南的学生能再次来到西南交通大学学习。

在这些越南老校友的积极努力下，20世纪初，西南交通大学与河内交通大学开始接触并讨论开展合作。2001年11月，时任越南河内交通大学校长的黎文学率团访问我校，签订了两校合作意向书。2002年9月，越南河内交通大学向我校选送来第一批越南留学生68名，这是我校时隔40年后再次招收越南留学生。

西南交通大学首届越南本科留学生合影

中国西南交通大学2004级（第三届）越南留学生开学典礼

西南交通大学2005级越南留学生开学典礼

西南交通大学2006级越南留学生开学典礼

西南交通大学2007级越南留学生开学典礼

2015年，应越南河内交通大学（UTC）陈得史校长邀请，西南交通大学党委副书记晏启鹏率团赴越南参加了该校传统日70周年纪念活动。

2015年时任西南交通大学党委副书记晏启鹏（左一）、土木学院院长高波（右一）访问越南河内交通大学时与邓友夫妇合影

我校杰出的越南老校友“铁—54级”的邓友学长（原越共中央政治局委员、科学院院士、越共中央科教委员会主任）夫妇听闻母校代表团到访越南，便亲自来到宾馆看望代表团一行。代表团与邓友学长进行了亲切座谈，晏启鹏副书记转达了学校领导对邓友夫妇的问候，得知邓友学长已83岁高龄，仍坚持研究和写作，探寻越南国家和社会的发展道路时，表示由衷钦佩。晏启鹏副书记还向邓友校友赠送了一份特殊的礼物：他在母校学习时的入学通知书、名单、成绩单、评语、优秀学生登记表以及校报关于他的报道等珍贵资料的影印件。邓老学长看到这些非常激动，感谢母校的贴心礼物，表示这些珍贵的资料让他想起了在唐山学习时的美好时光。

代表团出席了河内交通大学传统日70周年暨接受一等独立勋章仪式，分享了我校在越南最重要的合作伙伴的光荣时刻。仪式有越南国家副主席、教育培训部部长、交通运输部部长等领导出席。仪式结束后，学校代表团还与部分在河内的诸多校友见面并合影留念，其中包括“铁—55级”的杜营海校友（原河内交通大学校长、越南交通运输部科技司司长）、“铁—56级”的黎文举校友（原河内交通大学铁道系主任）、“铁—50级”的杜文八校友（原越南国会能源科学委员会副主任）、越南交通运输部科技研究院副院长阮光俊博士（越南老校友“铁—50级”阮南海学长的儿子）、河内交通大学国际合作中心副主任郑光凯博士等。

蔡英教授欣喜地看到，昔日的中越友谊之花，今日已经结出了丰硕的果实，尽管当年的“南方同学”如今都已成为耄耋老人，但中越人民的友谊万古长青。

作者：党委老干部部（离退休工作处）　王　琳
公共管理与政法学院学生　韩　蓉

巾帼不让须眉

——记中国第一位女火车司机田桂英

田桂英，1930年生于辽宁大连，17岁进沈阳铁路局大连机务段工作。1948年加入中国共产党，1955年考入唐山铁道学院机械系学习蒸汽机车理论。1960年毕业后，成为沈阳铁路局机务处工程师。党的十一届三中全会后，任沈阳铁路局工程处工会女工科副科长。

（一）少年多舛始发奋

1930年，田桂英出生在大连旅顺一个贫苦的渔民家庭。由于家境贫寒，她没有受教育的机会，12岁便进城做童工。在靠打工维持生计的岁月里，她吃苦受累，但从不向命运低头，始终以积极乐观的态度生活。多年的磨砺练就了她坚韧不屈、自强独立的性格，也让她暗自下定决心，一定要寻找读书的机会，看看外面的世界。

中华人民共和国成立后，田桂英获得了一份不错的工作——到大连机务段食堂发饭票。食堂每个月给她25公斤高粱，十几元的工资，每天中午还有一顿高粱米干饭。生活条件的改善，让从小饥寒交迫的田桂英倍感满足，可她始终没有放弃学习文化知识的梦想。令她喜出望外的是，此时的中华人民共和国，扫盲班、识字班随处可见，大连机务段也开办了夜校。于是，田桂英每天去夜校学习，如饥似渴地汲取知识，思想也开始发生转变。看着祖国和社会日新月异的变化，年轻的田桂英渴望为国家的发展贡献自己的力量。她向段长提出学习技术的请求，坚定地说："只要能学技术，让我干什么都行，男人能干的活我也能干！"段长被她的热情感动，便把她派到轻油车库，成为一名轻油机修理工。

（二）初生牛犊不怕虎

田桂英与火车的缘分，始于她偶然间看到的一张苏联女火车司机的照片，那威风凛凛的气派，使她油然而生对这一职业的向往。机会就在此时悄然来临，为响应国家号召，大连机务段开始着手培训中华人民共和国第一批女火车司机。然而，田桂英的想法遭到了家人的强烈反对，母亲劝她说，姑娘家要恪守妇道，开火车又脏又累，还很危险，根本不是女人能干的。确实，中华人民共和国建立初期，火车的安全性能远远无法与现在的列车相比，开火车的条件极为艰苦。对此，田桂英回忆道："当时的火车，煤水车和机车是两节，中间有一个轴。我在火车上烧火的时候，一只脚站在煤水车上，一只脚站在机车上，车一开起来就摇晃不止。车的两边是小门，一不小心就容易摔下去。"

尽管明知其中风险，田桂英仍坚持报名参加。1949年6月，经过层层筛选，田桂英和8名姐妹最终被选中参加上岗前的学习培训。然而，等待她们的却是更大的挑战。当时的火车是蒸汽机车，要通过烧煤获得行驶动力。如何快速高效地投煤，成为需要克服的第一道难关。投煤的标准数是15分钟280锹，平均每3秒钟投一锹。一把投煤的平板锹就重十多斤，再加上满满一锹七八斤的煤，还要连续铲煤，不能停歇。这连壮实的小伙子都感到吃力的任务，姑娘们又该怎样完成呢?

前方困难重重，田桂英却斗志昂扬。她们拼命练习了3个多月，尽管每天练得腰酸背痛甚至疼到起不来床，尽管无数次练习后也只能投240多锹煤，尽管被技工师傅奚落“你们女孩子肯定投不了那么多”，田桂英和姐妹们依旧咬牙坚持了下来。终于，眼看着胳膊一天天锻炼得粗壮起来，投煤数也逐渐接近达标，她们用行动证明了自己的能力。

满怀着欣喜与激动，田桂英开始上车实战演习。实践出真知，田桂英第一次上火车才发现，与车上相比，平地投煤的难度简直不值一提。火车启动后，她完全失去了平衡，瘦弱的身躯仿佛风中摇曳的小树，站都站不稳，更别说快速投煤了。她试图一手抓杆，一手拿锹，但根本是徒劳。狠狠一咬牙，田桂英干脆松开栏杆，双脚努力站稳，克服内心的恐惧，两手握锹，一刻不停地往炉子里铲。就这样，年轻姑娘使出那股无所畏惧的冲劲儿，完成了人生中第一次火车上投煤。

（三）女司机长终诞生

然而，成为一名女火车司机可没那么容易。熬过体力关，迎接田桂英的考验还有最为关键的脑力关。9个姑娘的文化程度都很低，让她们在短时间内学会机械原理的知识，可谓希望渺茫。每当课上听得一头雾水时，田桂英心里总是有些失落。她忍不住想，这样的自己还有机会开火车吗？

这是田桂英第一次驾驶火车出行留下的珍贵照片。照片中的她身穿崭新的工作服，从车窗里探出半个身子，自信满满地望向远方。车上挂着一面老百姓送给她的彩旗，上面写着“妇女的火车头”。

失望过后，田桂英打起精神，重整旗鼓，从每个基本名词学起，慢慢熟悉各个零件的作用，并构建基础模型。功夫不负有心人，在夜以继日的勤学苦练下，她的文化课终于有了起色，接连掌握了压油、主连杆、大端热度试验等知识，学会了道岔转线器等部件的原理，为操纵机车打下坚实基础。1950年2月25日，大连机务段举行了一次严格的选拔考试，田桂英以第一名的优异成绩被任命为司机长——中华人民共和国的第一任女火车司机长诞生了。

1950年3月8日下午，这列由三个姑娘组成的“三八号”包车组的出车仪式在大连车站举行。女人开火车——这一如今看来似乎不足为奇的事件，在刚解放不久的中国，却是轰动性的新闻。“女火车司机”这一鲜明的性别特征与现代大型机器的奇妙组合，一度形成了中国铁路上一道崭新亮丽的风景线，成为国家铁路建设历史上不可磨灭的记忆。田桂英的奋斗经历鼓舞了成千上万的中国女青年，开辟了中华人民共和国第一代妇女活出自我、勇于拼搏的新途径。从此，这台机车被铁道部命名为“三八号”，证明了中国妇女新时代的到来。

（四）谁说女子不如男

为中国第一位女火车司机田桂英所画的油画

第一次出车后，田桂英的名字在一夜之间家喻户晓，各大报刊都开始宣传“三八号”包车组的光荣事迹。这些“铁姑娘”的故事被收入当时的中小学课本中，全国人民都知道了这样一位优秀的女火车司机。

从3月8日到8月末，在不到4个月的时间里，由田桂英带领的“三八号”包车组创下了安全行驶3万多千米，节煤51.76吨的好成绩。由于勤劳能干、业绩出色，她被评为东北铁路局一等劳动模范。以她为原型的电影、报告文学、新曲艺、插图本故事等文学作品应运而生。她成了风靡全国的新妇女典范。

1950年9月，20岁的田桂英迎来了她人生中最光荣的一天。她作为东北铁路的工人代表，前往北京参加全国工农兵劳动模范代表大会，向毛主席献旗。这一幕，田桂英记忆犹新。几十年过去，每每提及，她依然像当时那般兴奋不已。“我流着眼泪和主席握手，激动到什么话也说不出来，甚至连怎么下台的都完全没有感觉。”她说。

后来，田桂英作为中国青年代表访问苏联，成为朝鲜战场上志愿军战士们的精神榜样。1951年，她作为列席代表来到北京参加全国政协会议，再次与毛主席会面。握手时，主席开玩笑道：“你这么娇小，竟开得动大火车！”田桂英心里有些不服，不知不觉间把他的手握得更紧。主席感受到她的用力，笑着说：“真有劲儿，现在我相信姑娘也能开火车了！谁说女子不如男！”听到这句话，田桂英开心地笑了。

这些值得称颂的经历，丝毫没有成为田桂英骄傲的资本。她敬业如初，在担任机车长的3年里，行程超20万千米，从未发生过一起事故。十年间，共和国把她从一个贫苦的渔家女，培养成一名优秀的火车司机。她的光荣事迹和追求男女平等、坚强独立的精神，也影响了一个时代。

（五）唐院交大结情缘

1952年年底，“三八女子包乘组”解散，田桂英和姐妹们进入学校继续深造，补习文化知识。1955年，她考入唐山铁道学院机械系，学习蒸汽机车理论。顺利毕业后，于1960年被分配到沈阳铁路局机务处当工程师。

学习期间，老唐院“严谨治学、严格要求”的双严办学传统和浓郁的学习氛围深深影响了田桂英。她深知自己的文化水平较低，便更加勤奋，利用一切时间学习，把不服输的性格完完全全体现到了学习上。入学之初，学校请她召开了一场报告会，讲述成为中国第一名女火车司机的先进事迹。崇拜田桂英的同学们慕名而来，报告会气氛热烈，人山人海。在那书生意气蔚然成风的年代，踌躇满志的唐院学子们心中并无当代大学生所倾慕的歌星、影星，只有对心中理想与信仰的不懈追求。当他们听说田桂英曾两度被毛主席接见时，内心的激动难以言表，纷纷请她签名、与她合影。会后座谈时，田桂英坦诚自己现在的学习遇到了困难，由于数学基础差，她在学习算法几何时感到有些吃力。热情的同学们十分想帮助她，都积极出谋划策。他们合力制作模型，一点点地仔细修改，在教研组的帮助下，成功做出了八象限、投影等模型，送给了田桂英。同学们对她说，帮助她使他们感到非常荣幸，觉得自己做了一件有意义的事。田桂英十分感动，她告诉自己，一定要把这份同窗情深深地铭记于心。

就这样，田桂英很快融入了唐院，并用坚忍不拔的精神影响着其他同学，成为大家学习的榜样。交大唐院于田桂英，如同一位循循善诱的智者，开启了她渴望已久的学习之门，点燃了她积蓄多年的求知热情，为她留下了毕生难忘的美好回忆。

田桂英在唐院读书时为学生签名留念

这是一张唐山铁道学院欢送机56干部班的合影，照片第四排中间唯一的一名女性就是我们这篇文章的主人公——田桂英（何晓亮供图）

（六）后记

2020年3月8日，我们迎来了中华人民共和国成立以来第71个国际妇女节。我们讨论性别平等，讨论女性权益，赞颂女性对国家和社会做出的贡献，女性进步的步伐从未停止。70年前的这一天，20岁的田桂英开出了自己人生中的第一辆火车，也使中国人踏上了探求提高女性社会地位的道路。巾帼不让须眉，她自强不息的精神始终是我们新一代交大学子拼搏进取的学习榜样，力争上游的无限动力。

作者：党委老干部部（离退休工作处）　戈满寿

公共管理与政法学院学生　李浩特

希望寄托在你们身上
——沈志云院士的留苏记忆

"你们是早晨八九点钟的太阳""希望寄托在你们身上"。

1957年11月17日的下午，苏联莫斯科大学的大礼堂里，毛主席在接见中国留学生时说出了这两句载满热情、饱含激励的话语。

亲切的声音萦绕在大礼堂经久不散，希冀的种子也在其中一位留学生心中生根发了芽，他就是我们这篇文章的主人公沈志云院士。

此后，沈志云以及一批唐院人留苏深造的峥嵘岁月就此开启了。

1929年出生于湖南省长沙县的沈志云，经历过战乱动荡的年代，但良好的"教师之家"的家庭氛围，培育了他求知上进、勤奋好学的品格。高考时，沈志云同时考取了清华大学、武汉大学和唐山工学院（西南交通大学前身），立志学习机械专业报效国家的沈志云，经过慎重考虑，最终选择了在当时具有"东方康奈尔"之称的唐山工学院机械系就读，从此，沈志云开启了与交大结缘、与铁路结缘的璀璨人生。1952年，沈志云以总评第二名的优异成绩大学毕业。本着为国家铁路机车车辆事业奉献终生的初心，沈志云所填的三个工作志愿都是去机车车辆工厂。然而，组织分配的结果却是留在母校理论力学教研室当助教。这让立志机械报国的沈志云备受打击，然而，"精勤求学，敦笃励志，果毅力行，忠恕任事"的唐

* 文中图片由沈志云提供。

院校训，在年轻的沈志云身上得到了最好的诠释。在1953年唐院的校报上，沈志云发表了“无论做什么，都应该当作终生事业来做”的文章，讲述了当个人选择与党的事业发生冲突时，自己是如何抉择的。春华秋实，仅仅一年之后，在1954年唐院校报的元旦特刊上，就刊登出了“我们的沈志云老师”的表扬文章，这是对沈志云誓言最好的注释。“无论做什么，都应该当作终生事业来做”，沈志云用自己的一生，践行了自己的誓言。

無論做什麼，都應該當作終身事業來做

理論力學教研組助教　沈志雲

《新唐院》校刊沈志云署名文章

我們的沈志雲老師

鐵二丙通訊員　陳頌雲

校刊元旦特刊学生陈颂云署名文章

1956年年初，正在沈阳工厂带领学生实习的沈志云接到了学校的电话，他被选中公派苏联留学。中华人民共和国成立后，为了适应国家建设需要、培养高等学校师资与科学研究人才，中央教育部统一规划，向有关单位下达选派名额，选拔优秀青年学生赴苏联留学。1951年到1961年间，我校先后共派遣了33名教师赴苏联留学（后一人改派德国），其中到苏联攻读副博士学位的29名中就有沈志云、严隽耄。另有进修教师3名，实习生1名。我校还为国家选送40名大学生赴苏联学习，其中应届毕业生11名攻读副博士学位，29名大学生读本科。在铁路院校中，我校是赴苏联学习派出人员最多的学校。

沈志云赴苏前留影

1957年11月14日，火车经过七天七夜的长途跋涉，抵达莫斯科。沈志云准备换车前往列宁格勒（现圣彼得堡），这时他忽然得到通知，亲率中国党政代表团出席在莫斯科举行的国际共产党和工人党代表会议的毛主席将于17日在莫斯科大学礼堂接见全体留学生和实习生。这个消息让留学生们无比激动，他们为能在莫斯科见到毛主席，感到无比幸福。

17日上午，莫斯科各校的中国留学生早早地来到列宁山上的莫斯科大学。大礼堂的中央大厅很快坐满了人，有的人只得站着，沈志云站在大礼堂的最后一排。大家怀着欣喜雀跃的心情等候毛主席接见。下午5点左右，礼堂的灯光顿时都亮了起来，忽然有同学跑进会场喊：“毛主席来了！”顿时全场欢声雷动，大家全都起立鼓掌，现场一片欢腾。

中央领导同志在主席台就座后，毛主席一人站着，笑容可掬，话语亲切和蔼，就像是在家里和孩子们聊家常一样。毛主席开头就大声说：“世界是你们的！”大家都愣住了，接着他又降低声调略带诙谐地说：“也是我们的，因为我们还在嘛！”全场都爆发出爽朗的笑声，气氛一下就变得亲切和谐。“但是，”他又提高嗓门，“归根结底是你们的，你们是早晨八九点钟的太阳，我们都是过了中午，有的是接近黄昏的太阳咯，所以，希望寄托在你们身上。”“世界上的事，怕就怕认真两个字，共产党人就最讲认真，希望你们认真学习，做到学习好、工作好、身体好。”

毛主席这番带着乡音的讲话，生动形象、充满激励，寄托着毛主席对青年们的希冀，蕴含着一股巨大的力量，鼓舞着留学生们在不同的专业、不同的领域奋发学习，刻苦钻研，结出累累硕果。

沈志云被安排在列宁格勒铁道学院（现圣彼得堡国立交通大学）留学，学习的是车辆修理专业。这个专业当时被认为技术含量不高，即便是这样，沈志云却在这个专业的学习中刻苦钻研，掌握了在生产实践中理论联系实际的研究治学方法。他能取得这样的成绩，除了自己的发奋图强，还主要得益于正导师契尔诺可夫博士、副导师尼可拉耶夫教授对他严格、科学的训练。

沈志云与副导师康·依·尼可拉耶夫合影

1957年的上半年，沈志云的副导师尼可拉耶夫教授在唐山铁道学院（西南交通大学前身）为学生讲授车辆修理工程课程，即将赴苏联留学的沈志云老师通过裴毓达教授联系，请教了尼可拉耶夫教授，对将要从事的专业有了进一步的了解，也坚定了他在这个专业上要有所建树的决心。

攻读副博士学位除了要完成选修的课程外，面临的主要问题就是如何确定毕业论文选题，尼可拉耶夫教授曾列出了200多个论文题目供沈志云选择。“到生产实践中去，从调查研究入手”，这是副导师在沈志云不知如何下手时的指导意见。

于是，十月革命工厂、基辅工厂、奥德萨工厂、新西伯利亚工厂，甚至最南边靠近第比利斯的奥尔忠尼启则罐车厂等，沈志云都跑遍了。他利用寒暑假和周末的时间，带着导师的亲笔信和一腔干劲，吃住都在工厂，对各种罐车的损伤情况和修理工艺有了全面的了解。最终以莫斯科十月革命车辆厂的一次车辆落车问题为研究选题，深入生产一线长达一年，不断调查案例，分析计算，修改参数，在副导师尼可拉耶夫教授的指导下最终解决了这一生产实践中的难题，并以《客车一次落车基本条件的研究》为

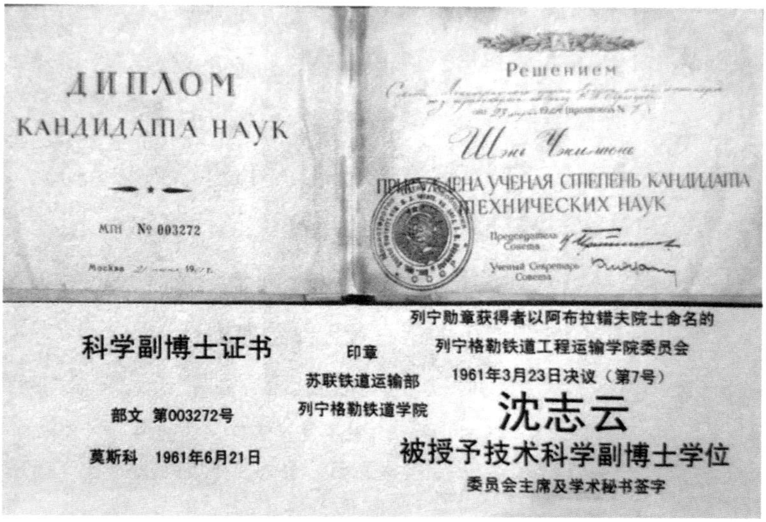

沈志云副博士证书

题目，顺利完成了副博士论文。这种将生产实践与理论研究相结合的治学方法，成为沈志云一生科学研究一以贯之、同时卓有成效的方法。

副导师尼可拉耶夫教授的指导使得沈志云车辆修理专业的学业收获巨大，正导师依·依·契尔诺可夫博士则一直鼓励着他在车辆动力学研究方面有所创新。这位在车辆动力学方面研究颇深的契尔诺可夫博士，对他在车辆动力学研究领域的成就产生了重大的影响。

正导师契尔诺可夫博士除了指导沈志云，还指导另一位来自唐院的留学生严隽耄。他希望沈志云在学好车辆动力学理论后，能在回国后同严隽耄一起将车辆动力学的研究提高到一个新的水平。事实证明，沈志云和严隽耄没有辜负导师契尔诺可夫博士的期望，他们都分别在该领域建树颇丰，并使唐院在这个领域的教学和科研一直处于国内领先水平。

1996年沈志云重返学校，同当时同学在导师契尔诺可夫像前

沈志云在机车车辆动力学尤其是轮轨动力学、运动稳定性、曲线通过理论和随机响应等研究方面成绩卓著，于1991年和1994年先后当选为中国科学院院士（前身为学部委员）和中国工程院院士。

严隽耄教授利用自己建立的模型导出了车辆振动的方程，利用其解决了当时有关的一些争议。这些研究成果在苏联和我国车辆动力学教科书中一直作为经典内容保留至今。

沈志云在列宁山上遥望莫斯科大学

苏联留学期间，在繁忙的学习研究之余，沈志云积极同留学生们过党组织生活。刚刚参加工作不久，他就加入了中国共产党。在苏联留学时，他和居住在一起的7名党员研究生成立了一个党小组。每周他们都过一次组织生活，还在宿舍小饭厅开辟了一个小字板园地，以响应国内的“大跃进”和交心运动。列宁格勒这座美丽的城市十分友好，周围工厂的工人在周末经常向留学生们发出联欢的邀请。除此之外，他们也常到附近小城镇的滑雪场一起滑雪。在学业繁重的留学生涯中，这些活动，也成为留学生们一生难忘的回忆。

1999年沈志云回母校参加校庆与车辆教研室全体合影

时光荏苒，40年弹指一挥。1999年，圣彼得堡国立交通大学（原列宁格勒铁道学院）190周年校庆时，沈志云院士又被邀请回到母校参加校庆。在教室的墙壁上，还挂着当年留学时沈志云和教师们的合影。圣彼得堡国立交通大学为沈志云院士举行了热烈而隆重的欢迎仪式，还在校刊上发表专文，盛赞这位杰出的校友。40年前，列宁格勒铁道学院150周年校庆时，当时正担任中国留学生学生会主席的沈志云，曾托人从国内买了一副软木雕作为礼物送给学校，并在校庆大会上致辞。当大家一起重温这段历史时，在场的师生和嘉宾都无比感动。

回顾沈志云院士的苏联留学经历，自始至终都没有离开过“希望”二字。从刚毕业时的组织分配事与愿违，到收到学校留学苏联的通知，燃起希望；从在唐山工学院与尼克拉耶夫教授的会面增强信心，到聆听毛主席在莫斯科的接见讲话，满怀希望；从留苏学习期间的刻苦钻研、不负重托，到获得副博士学位知识报国，桃李芬芳，播撒希望。

“希望寄托在你们身上”，这是毛主席对当年年轻的留学生们的谆谆教导。如今，这批留学生都已成为耄耋老人，他们将领袖的希望牢记心中，将青春和一生贡献给了祖国的社会主义建设事业，他们没有辜负领袖的希望和嘱托，沈志云院士就是其中的卓越代表。今天，习近平总书记又将实现中华民族伟大复兴的梦想寄予广大的年轻学子，我们相信今天的年轻人同样会接过老一辈的接力棒，把领袖的希望牢记心中，为中华民族的崛起贡献力量。

作者：党委老干部部（离退休工作处）　翁丽玲
公共管理与政法学院学生　李　宁

难忘的一天

——回忆刘少奇副主席和周恩来总理视察我校的情景

和刘少奇同志與周恩來同志在一起

偉大的關懷 無窮的力量

中共中央付主席、毛澤东同志的亲密的战友，刘少奇同志和周恩来同志到了唐山，唐山鉄道学院的同志們渴望着与自己領袖会面，正在开会的党代会的主席团請市委向領袖轉达全院共产党員和师生員工的这一美好的願望，刘少奇同志与周恩来同志，满足了大家的要求，九月二日下午四时十分，在他們离开唐山前的半个多小时，犧牲了休息，来到了唐山鉄道学院，会見了全院的师生員工，說明了党对高等学校的关怀。九月二日成为了唐院全体师生員工最难忘的与最幸福的一天。

刘少奇同志与周恩来同志是由中共河北省委第一書記林鉄同志，中共唐山地委第一書記刘漢生同志，中共唐山市委第一書記楊远同志的陪同到达学校的。刘少奇同志与周恩来同志满面紅光，精神煥發，身体十分健康，他們都穿着灰布做成的衣服，因为时間久了，灰中已經發白，大家为領袖的儉朴生活而感动，有的同学說："領袖們穿的比我还不如哩！我們应該向領袖們学習。"

刘少奇同志与周恩来同志下車后，刘漢生同志向他們介紹了学院的負責同志。

欢迎的群众形成了人的洪流，热情的鼓掌，热情的欢呼，热情跳躍，大家手舞足蹈，激动得流下淚来。全院沉浸在欢乐的海洋之中，心花朵朵开放。大家都想更靠近領袖一些，大家都想多看領袖几眼，大家都有滿肚子的話想告訴領袖，大家都想听取領袖对我們諄諄的教导。刘少奇同志与周恩来同志一下車即到了群众之中，为群众的洪流所擁抱，和群众打成了一片，不断的揮手、微笑，不断的与群众亲切的握手，不断的与群众亲切的交談。时間虽然离开車的时間越来越近，但是少奇同志与总理还是繼續的向前走，我們的領袖是最了介我們的心情。

这是一次終生难忘的会見，这次会見勾引起人們多少的回忆，大家想到了正是这些領袖們領导着我們的祖国繁荣富强，大家想到了正是这些領袖們領导着我們改变了我們学院的性質，一日千里的前进，大家想到了正是这些領袖們，指引了我們走向了又紅又專的道路，大家想到了正是这些領袖們，引导我們打开了学校向工農开門的大門，过去做过电訊工的韓庭会（运58-1）是剛入学校的石家庄工農速中畢業的学生，他抑制不住心头的激动，走上前去，双手紧握刘少奇同志与周恩来同志的手說："我是工農学生，今年我們工農学生来校的很多。"少奇同志与总理微笑的回答："很好。"他心头本来还有千言万語，但是激动得不知說什么好。人們走到了校門口假山的后面，队伍前进得十分緩慢，因为誰也不願离开敬爱的少奇同志与恩来同志，学校負責同志提議大家都坐下来，周总理說："来，坐下，大家一齐坐下，我也坐下。"說着，即和同学們坐在一起。少奇同志問桥55－1班的勵鑑泉："念什么系的？"勵鑑泉說："桥隧系。"少奇同志又問，"学校有几个系？"勵鑑泉回答了少奇同志。少奇同志和她亲切的握手。

这时，周总理与运輸系的助教韓惠珍談話："你是那一系的？"

"运输系的。"

"是做什么的。"

"助教。"

周总理这时問旁边的一个小孩："你是做什么的。"

少奇同志开玩笑的說："助教？"說得大家都乐得哈哈大笑。

小孩接着說："我是一年級的小学生。"

周总理笑着說："恩，你是家屬。"孩子点了点头。周总理和他握了手。

这时候，有同学搬来兩个

（下轉四版）

新唐院

第314期

刘少奇副主席和周恩来总理视察唐山铁道学院被刊登在校刊《新唐院》

这是一份63年前的校刊《新唐院》（当时“西南交通大学”校名为“唐山铁道学院”，简称“唐院”）。这张报纸记录了学校历史上一件载入史册的大事：中华人民共和国开国元勋、中共中央副主席、全国人民代表大会委员长刘少奇和国务院总理周恩来亲临学校视察，与广大师生员工亲切会面。这是党和国家领导人对我们学校的关怀，它将永远载入校史，成为交大人永恒的记忆。

1958年9月2日是西南交通大学全体师生员工难以忘怀的一天，刘少奇副主席和周恩来总理在从北戴河开完中央政治局扩大会议返回北京的途中视察唐山铁道学院。

据时任唐山铁道学院党委副书记刘毅的记述："这一年8月份，党中央在北戴河召开政治局扩大会议。唐山铁道学院党委以党代会名义向党中央写了报告，请求毛主席和中央领导同志在会议结束后来院视察。信函发出后，我们急盼着回音。"

"9月2日下午4时，我接到市委转来党中央通知，说首长马上要来我院视察。真没想到，我们的请示竟会得到这样快、这样顺利的答复。兴奋之余，我们一算，又觉得时间太紧迫了。中央领导从北戴河返回北京，途中到唐山只要半小时，在校时间也只有半小时。怎么办，我们立即用广播通知全校师生到校门口欢迎。随着广播声响，校园顿时沸腾起来了。青年学生欢呼雀跃，干部、教师奔走相告，年迈的老教授也拄着拐杖赶来了，全院师生个个笑逐颜开，全院上下，一片喜气洋洋。"①

那天下午四时许，唐院的校园沸腾了，刘副主席来了！周总理来了！时隔62年，我们采访见证过那幸福时刻的董渭钊老师时，讲述起那段历史，他仍心潮澎湃，激动不已。初秋时节天气微凉，他脱下外套只穿了件薄薄的T恤衫还嫌热，兴奋得像个中学生。

当时董渭钊是桥隧系三年级的学生，他正在和同学们在学校预制构件厂里劳动，同学们听到广播声后，放下手中的铁锹，带着一身尘土，以百米冲刺的速度向学校大门口跑去。董渭钊气喘吁吁地站在离刘副主席和周总理三米远的地方，激动得什么都忘了，只会向国家领导人行注目礼，眼都不敢眨动，生怕少看领袖们一眼。

董渭钊听比他早到的同学讲，两位领导人来学校视察，事前并没有通知，也没有派出先遣警卫人员，更没有在通往学校的马路上

---

①《心中的丰碑》，上海：上海教育出版社，1998年版，第196-197页。

实行交通管制，真正是轻车简从。他们抵达学校大门处，一行七八个人边走边谈走进学校，学院党委副书记刘毅同志在校门口迎接。

董渭钊看到两位领袖穿着浅灰色卡叽布的中山装，领口和袖口都已洗得发白。刘少奇副主席和周恩来总理虽然衣着朴素，但气度不凡、态度和蔼，他们不停地与周围的师生们亲切交谈，无形间拉近了与大家的距离。董渭钊老师抱憾终生的一件事就是刘少奇副主席、周恩来总理视察我校时的照片中没有他的身影。当时因为摄影师取景角度不同，董渭钊站的那个位置被其他人遮住了，所以他虽然就在现场却没能留下照片为证。但见过两位国家领导人的幸福时刻却永远留在了他的心底。他毕业后留校工作，在和女友谈恋爱时，首先将女友带到校门口见到刘副主席和周总理的灯柱下看一看，讲讲那个精彩时刻，以至于结婚后多年，他们还有去灯柱下散步的习惯。当学校搬迁峨眉后，唐山大地震把曾经的校园夷为平地。他和老伴于2016年年初到唐山探亲访友时，还是习惯性地来到当年见到领袖的旧地，追忆那难忘的时刻。很遗憾，学校大门口只剩下一棵大树和一块刻着“唐山铁道学院旧址”的纪念碑。

短暂的相见，一生的荣耀。那份温暖一直激励着董渭钊老师工作积极向上，努力拼搏。

那段历史不仅仅留在了唐院师生的记忆中，唐院职工的孩子们幼小的心灵也永远记住了这难忘的一天。谢幼藩老师的儿子谢亚萍当年是小学五年级的学生，如今他已入古稀之年，他回忆起当年的情景，仍然记忆犹新：“那是1958年9月2日的下午，我正带着妹妹谢秋菲在校友厅后花园玩，突然看到校友厅的每个门都走出人来，又有一些人从花园西边的家属区匆匆跑过来，他们都朝着同一个方向。我问一个熟悉的阿姨发生了什么事，她说：‘周总理要来。’然后赶紧跑远了。11岁的我一下子就把3岁的妹妹背了起来，向唐院的大门口跑去……大门口内外已经有了不少人，我到了大门外，

和董渭钊老师翻看校刊

伸着脖子啥也看不着。怎么办？灵机一动，我把妹妹举到大门的混凝土柱子底座上，可能妹妹对我紧张的样子莫名其妙，所以很听话，不哭也不闹，我也爬上了底座，刚才看不到的一切尽收眼底。只见一列小轿车队已缓缓驶过铁路医院门口。片刻间那些轿车到了大门前，第一个下车的是周总理，然后刘少奇下了车，别的首长我就一个也不认识了。人群已经开始往门里移动。我想周总理他们进门以后，我就又是啥也看不着了。于是我就跳下底座，背起妹妹跑向人群，跟着人流在东讲堂前的花园与甬路之间停下，可我还是啥也看不着。我就把妹妹放到地上，猫腰领着她从成年人密密麻麻的大腿间挤到了最前面，与甬路对面的人隔路相望。我在妹妹右边刚刚站稳，就见周总理从左边过来了。他时而慢慢鼓掌，时而向后排的人们招手，回应着甬路两侧心潮澎湃的群众。总理慢慢移步过来，却在我们哥俩面前停下了脚步，只见总理看着妹妹，微笑着俯身用右手轻轻地抚摸了一下她那因跑动而变得粉红的小脸……总理离我那样近，两道剑眉和炯炯有神的双眼，我都看得清清楚楚，我似乎听到了这位伟人的呼吸……50多年后在北京，我跟秋菲的女儿谈及此事，这个博士生睁大眼睛看了看我，赶紧去向妈妈求证。得到肯定后高兴地回身时，我说：'你妈妈有周总理保佑着，你们娘俩的命运肯定错不了！'外甥女的脸笑成了一朵花。"

正如谢亚萍所言，那个当年周总理抚摸过脸颊的女孩，后来在1977年以优异的成绩考上了北京医学院，1985年获北京医科大学硕士学位，1998年在芬兰赫尔辛基大学获牙医科学博士学位，现任北京大学口腔医学院教授、博士生导师。

在当年的那张报纸上，很多见到刘副主席、周总理的教师、学生都写下了与国家领导人见面时的情景和感想。

当天晚上，学校广播台播出了刘少奇、周恩来同志来视察我们学校的消息。第二天全国重要报刊和广播台也相继做出了报道。

那个学期同学们一直沉浸在刘少奇副主席和周恩来总理来唐院视察的喜悦之中，如今半个多世纪过去了，当年的情景仍清晰地刻在每一位在现场的师生记忆中。刘毅同志曾回忆道："（周总理）边走边向我和其他干部提出问题：关于教育革命，教育与生产、科研的关系，国内铁路建设以及有哪些国家和多少留学生在院学习，等等。他老人家还直截了当地向我提了两个问题，至今记忆犹新。他先问我：中国铁路的轨距是多少？我回答了，他点点头。接着又问：越南的窄轨轨距是多少？我刚要回答，站在我身边的团委书记王润霖（后任西南交通大学党委书记）抢先替我回答了，总理又满意地点点头。他从搞好中国革命和支援世界革命出发，洞察一切，深知铁道运输是国民经济的动脉，工农业要大干快上，首先要发挥铁路的先行作用。周总理是在随时督促干部，一定要熟悉和精通业务。"①

①《心中的丰碑》，上海：上海教育出版社，1998年版，第196-197页。

回想1958年，我国铁路总长度仅3万千米左右，铁路建设与国民经济发展相比较严重滞后，货物运输和人民出行困难重重。我们学校的教师和干部一直铭记着周总理对我校的期望和嘱托，几十年来为中国的铁路发展中培养了大批技术人员。

如今，半个多世纪过去了，截至2020年8月，我国铁路总长度已经达到14.4万千米，其中高速铁路3.6万千米，位居世界第一。

2020年8月13日，《新时代交通强国铁路先行规划纲要》发布，明确了中国铁路2035年及2050年的发展目标和主要任务。以"八纵八横"为主通道的高铁网和普速铁路网都将得到进一步优化和完善。纲要明确，到2035年，全国铁路网运营里程达到20万千米左右，其中高铁7万千米左右。20万人口以上城市实现铁路覆盖，50万人口以上城市高铁通达。纲要明确，未来将统筹推进高铁主通道及普速铁路通道建设，普速铁路基本覆盖县级以上行政区。到2050年，全面建成更高水平的现代化铁路强国，全面服务和保障社会主义现代化强国建设。

我们可以告慰刘副主席、周总理，经过半个世纪的努力，我国已经改变了交通落后的面貌，你们视察过的学校，如今在祖国的西南地区继续在中国铁路交通的发展中发挥着重要的作用。1958年9月2日，永远是西南交大人难忘的一天。

感谢董谓钊老师帮助回忆整理此文。

作者：党委老干部部（离退休工作处）　谢　彬
公共管理与政法学院学生　于小然

倾情守护孩子一生的起点

——记唐院幼儿园的女教师

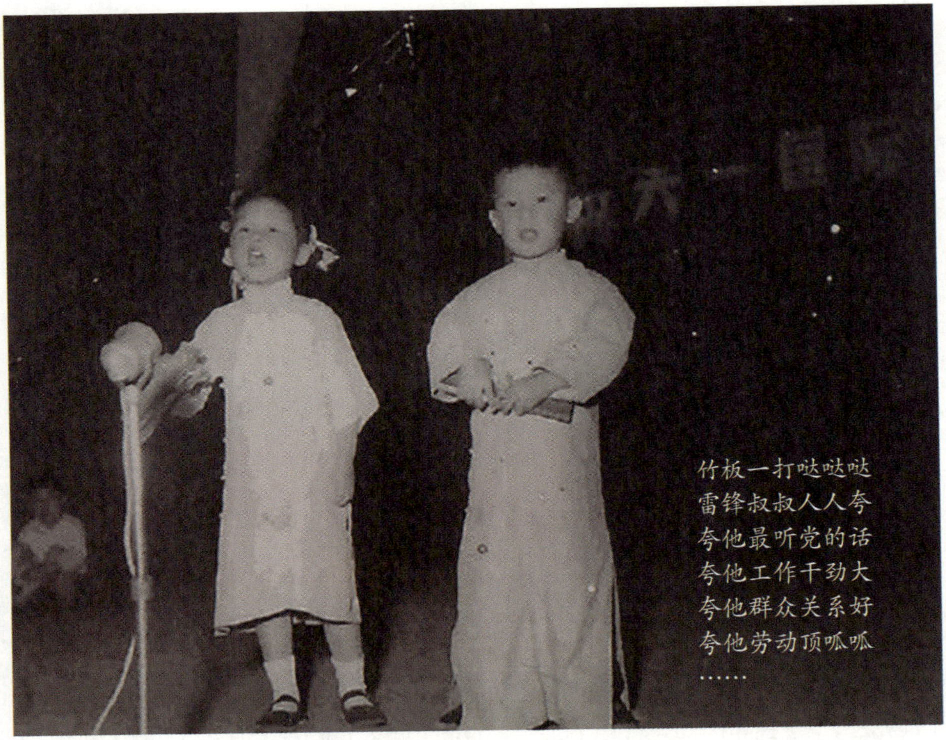

唐山铁道学院幼儿园（现西南交通大学幼儿园前身）1963年“六一”儿童节联欢会上快板书“学习雷锋好榜样”演出的照片（张淑悦供图）

91岁高龄的西南交通大学幼儿园原主任林家韫老师看到这张老照片，立即朗诵起照片中两位小演员表演的快板《学习雷锋好榜样》的台词。我们没想到50多年前的一段快板词，林老师还记忆犹新。她告诉我们，这是唐山铁道学院幼儿园（现西南交通大学幼儿园前身）1963年“六一”儿童节联欢会上演出的照片。

1963年3月5日，毛泽东等中央领导人题词，发出“向雷锋同志学习”的伟大号召，幼儿园的代馥茜老师特别编排了快板《学习雷锋好榜样》的节目，由当时幼儿园的两位小朋友张淑悦（照片左）、谢冀平（照片右）进行了表演。两位小朋友当年都只有5岁多，几十句的快板书，词句量大，但朗朗上口，配合着快板他们苦练了几个星期，在演出中，他俩声情并茂的表演，博得了观众的阵阵掌声。台词中“夸他最听党的话，夸他工作干劲大，夸他群众关系好，夸他劳动顶呱呱”短短几句话，用精炼而通俗的语句把雷锋同志毕生对党忠诚、乐于助人、勤劳坚韧的形象展现在我们面前，并深情地表达了对雷锋叔叔发自内心的怀念。林老师说，她之所以看见这张照片就特别激动且记得那么清楚，是因为那一次快板表演，不仅引起了在场人员的强烈共鸣，更重要的是，它对孩子们人生观的形成起到了重要的作用。

在1963年全国开展的“向雷锋同志学习”的运动中，这段快板词被孩子们记在了心里，并落实在了他们的日常生活中。大家通过这段快板词知道了雷锋叔叔，而后来通过广播、连环画、电影等形式的宣传，孩子们了解到了许多雷锋同志生前的感人事迹。

林老师说，在演出后的日子里，常常看见小朋友之间互帮互助的情景：有小朋友摔倒了，马上就有人抢着去扶起来。孩子间的争抢也减少了，还学会了分享小点心（糖果），要知道当时物资相对匮乏，零食品种和数量较少，那时的孩子们拿到零食都愿意独自享受，后来能把自己喜欢的糖果、小点心分给其他小朋友真是让老师感到高兴。更重要的是，很多孩子把这种精神贯彻到了自身的成长、处世之中去。林老师骄傲地说：“从我们幼儿园毕业的孩子们，他们在学习上刻苦用功，在工作中积极奋进，很多人都成了国家的栋梁之材，他们在工作和生活中向雷锋同志学习，尽自己所能帮助生活中遇到困难的人。虽然他们的名字不是雷锋，却在那场表演之后的几十年的时间里，许多人成了生活中的‘雷锋’”。

孩子们在教师们带领下快乐学习和游戏

此外，快板词中传递的乐于奉献、吃苦耐劳的精神突显了西南交通大学幼儿园漫长建园过程中各位师生的缩影——西南交通大学幼儿园的建园过程极具艰辛，其前身唐山铁道学院幼儿园在1951年创办于唐山，那时中华人民共和国刚刚成立，物质条件较差。在创办初期，缺乏师资和经验，为了将老师和职工从繁重的家务中解脱出来，幼儿园的阿姨们克服了种种困难，最终建成了大班、中班、

幼儿园的老照片，照片里一张张稚嫩的笑脸，一个个认真模样，无不展现出在唐院幼儿园时期，老师辛苦付出所带给孩子们快乐的童年。（林家韫、冯友季供图）

小班、哺乳班兼备的幼儿园。值得一提的是幼儿园开设的哺乳班，里面接收了许多呱呱落地不久的新生儿，其中年龄最小的只有50余天，在当时艰苦的条件之下，幼儿园的许多老师和保育员都暂时放下了自己的“小家”，坚持通宵达旦地值班，在深夜顶着昏暗的灯光为孩子们喂食、洗澡、换衣服。她们的辛勤付出很大程度上缓解了各位家长工作与家庭不能兼顾的尴尬境地。她们默默地支持着学校教学和各项工作的开展，在20世纪50年代初，为了解决子弟们上小学的困难，幼儿园还成立过小学班。让孩子们在当时的艰苦条件下，得到了精心的照顾与教育，真正为他们的健康成长“扣好人生第一粒扣子”。

9月初，我们还采访了快板书的作者，91岁高龄离休干部代馥茜老师，询问她当时编写《学习雷锋好榜样》这个快板的初衷。代老师说，在进入幼儿园工作前，老师们都参加了幼儿教育的培训，当时学习的是苏联的学前教育体系。她还记得苏联的《幼儿园规程》和《幼儿园教养员工作指南》里对老师这样要求：关心儿童健康，发展儿童的智力、意志与品质……培养儿童爱祖国、爱人民、爱领袖、爱军队等情感。她记忆最深刻的就是苏联幼儿教育专家戈林娜同志所强调的一句话“要加强对幼儿的共产主义道德品质的培养”。她说：“毛主席倡导我们向雷锋同志学习，我就想着，用什么方式让孩子们更好地接受雷锋精神的熏陶，把雷锋精神传承下去呢？于是我就根据孩子们的特点编排了这个快板，真的非常高兴，这个节目的排练、演出到后期的反响都取得了预期的效果，我所教授的孩子们都成了勤奋学习、甘于奉献、对国家有用的人才！”

1971年，唐院幼儿园随大学的搬迁来到了四川峨眉，并更名为西南交通大学幼儿园。迁址时，正值“文化大革命”期间，条件极其艰难，幼儿园面临着无校舍、无教材、无教具、无桌椅的状况。幼儿园先遣派出的几位老教师和工人们一起从建设校舍、搬木头做家具干起，努力为孩子们修建一座幸福的家园，峨眉幼儿园就是在原来建校的预制构件场旧址上建立起来的。

学校整体搬迁到峨眉后，在幼儿园还不具备开园的情况下，各系抽出了女老师，腾出教室将学龄前的孩子们集中起来管理。这种模式在“文化大革命”开始前，也曾在唐山实行过，由于铁道部命令全体教职员工和学生到峨眉参加“文化大革命”，不仅幼儿园的孩子们要全托，当时也把上小学的学生们集中起来，集体住宿，由学校抽出专人管理。在那种非常时期采取的办法，今天的年青老师听起来都很难理解和接受，但这就是西南交通大学附属幼儿园发展中的一段历史。

我校幼儿园的发展，学校行政领导也极为重视，千方百计为孩子们的健康成长创造便利的条件。在唐山时，为了解决孩子们上学时的接送问题，学校为幼儿园配备了专车，不过是辆三轮车。清晨，这辆带篷的两排座位的三轮车，一趟一趟将各个住宅区的孩子们接到幼儿园，放学时送回家，既不需要家长送，也不需要家长接。现在的学校恐怕也难做到这点，当然，当时也没有这么多的孩子。

到了暑假，学校还专门和铁道部联系，在开往东北的列车上为学校幼儿园的孩子们留出座位，组织孩子们到北戴河避暑、旅游。在20世纪50年代，学校幼儿园曾多次被评为唐山市先进集体和模范幼儿园。

在峨眉时，学校在校园最好的位置修建了幼儿园，引进幼师毕业的老师，努力提高师资的水平。在教师们的家属宿舍还没有建好的情况下，首先规划和建设幼儿园和子弟学校，让学校的子女们能够受到良好的教育。在学校党政领导的关心和支持下，幼儿园的全体保教人员面对困难迎难而上，发挥集体智慧，老师们自己收集和创编了教材，并自制大量教学玩具，为孩子开出了各种课程。西南交通大学幼儿园终于在峨眉山脚下建设起来，使这颗来自唐山的教育种子得以继续茁壮成长。后期，幼儿园又随着西南交通大学再次搬迁，来到了人杰地灵的天府之国成都，经过一代又一代幼儿教育园丁们的辛勤劳动，西南交通大学附属幼儿园建成了如今的成都市一级一类幼儿园。

回顾西南交通大学附属幼儿园的建园历史，鲐背之年的林老师和代老师经历了20世纪50年代的初创时期，经历了“文化大革命”动乱时期，也经历了峨眉的搬迁时期，她们是西南交通大学附属幼儿园创建、发展的亲历者和见证者。我们惊奇地发现幼儿园的阿姨身体都很健康，刚刚去世的贾多佳老师，享年100岁；刘兆新老师今年94岁；林老师和代老师今年都已经91岁。也许，长期与孩子们的接触，让她们保持永不衰老的童心。

她们还提供给了我们很多幼儿园的老照片，在这些老照片中，我们可以看到很多学校子弟们的身影，其中很多人长大后就在学校工作，如今他们都已近古稀之年，当上了爷爷、奶奶。但他们看到林主任、代老师、刘老师，都会亲切地喊上一句“阿姨”。

“园丁”是社会对老师们一个尊敬和亲切的称呼，“花朵”是

唐院幼儿院老师、教授夫人与孩子们（梁锦唐供图）

社会对天真、烂漫的儿童和少年们的形容。花朵的绽放离不开园丁的精心培育，正是由于一代又一代幼儿教育工作者的呕心沥血、辛勤付出，今天祖国的大花园里才出现百花齐放、万紫千红、人才辈出、欣欣向荣的景象。

西南交通大学附属幼儿园至今已成立近70年了。70年的漫长岁月中，多少孩子在这里开始迈出人生的第一步，他们走向了社会，奔向了祖国的四面八方，其中有些人走出了国门，在世界不同的地方为社会的进步、为全人类的福祉贡献着自己的智慧和力量。但他们永远都忘不了他们人生的起点——西南交通大学附属幼儿园，忘不了他们的启蒙老师——各位可爱可亲的阿姨。

“学为人师，行为世范”，在采访幼儿园林主任、代老师的过程中，我们的心灵也得到了一次净化，我们感到了她们那一代人对工作的热爱和执着。正是由于她们“捧着一颗心来，不带一根草去”的奉献精神，才让我校幼儿园成为受到社会广泛认可的成都市一级一类幼儿园，正是由于她们的倾情守护开启了孩子们一生的起点，才有了日后数不清的进入国内外知名学府的优秀毕业生，才有了在各种不同岗位上为社会做出不同贡献的劳动者，我们相信在中国特色社会主义的新时代，西南交通大学幼儿园会更上一层楼，迎来属于自己的新时代，在不久的将来创造新的辉煌！

作者：党委老干部部（离退休工作处）　刘海燕
公共管理与政法学院学生　李欣伊

晚晴有为

老骥伏枥、不忘初心
提携后学、情系家国

——沈志云院士的卸甲荣休生活

沈志云，生于1929年，西南交通大学教授，中国科学院院士、中国工程院院士，机车车辆动力学专家，中国高铁领域的先驱科学家之一。1983年，发表了至今仍在国际上被广泛引用的非线性轮轨蠕滑力计算理论（沈—赫—叶氏理论），为高速列车大系统动力学的创建奠定了基础。1988年，筹建中国铁路系统第一个国家重点实验室——西南交通大学牵引动力国家重点实验室，建成能模拟时速400千米高速列车运行的机车车辆整车滚动振动试验台。曾担任中国自主研发的世界第三代高铁CRH380车型评审专家组组长，并先后参与武广高铁、沪杭高铁、京沪高铁等重大工程的评估验收工作。参与、推动和见证了中国高铁技术从无到有的全部发展历程。

笑称自己是“三等公民”：等吃早饭，等吃午饭，等吃晚饭。但事实上，他依旧保持着科学家对教育和科研的敏锐思维，从未停止思考新时代高校将如何更好地发挥在创新型人才培养上的重要角色，从未停止思考关心学校的发展，从未停止思考牵引动力国家重点实验室（TPL）的未来。他离岗不离党、退休不退志，虽然白了头发，却依然保持着那颗共产党员的初心。他就是退休在家的沈志云教授，今年91岁，一位令人景仰的“90后”两院院士。

“香樟沙龙” 学术殿堂

2019年，沈志云院士把家里的大客厅改名为“香樟沙龙”，欢迎八方来客畅谈学术、共话人生，“香樟沙龙”实际就是“学术沙龙”“励志沙龙”。

香樟沙龙

（1）为未来科技工作者指路。

2019年7月12日，沈院士在“香樟沙龙”为即将踏入大学、胸怀科学研究之志的成都七中学子指明科研之路和人生方向，鼓励他们努力奋斗，致力于颠覆性创新！他说，青年是国家的希望，青年才俊更是国家的宝贝。他嘱咐孩子们“志存高远，知难而进，脚踏实地，诚信为本”，希望孩子们牢记这四句话，在复兴中华的大格局中发挥出最大的作用。

成都七中被重点大学录取的学子们在“励志沙龙”

（2）君子书院讲学。

2019年10月21日，沈院士为西南交通大学君子（虚拟）书院学子们做了一场精彩的报告，希望学子们谨记“志存高远、脚踏实地、抬头看路”，嘱咐他们“吃得苦中苦，方为拔尖人”，引发了学子们的热议，激发了他们为轨道交通事业奋斗的热情。

沈院士为君子书院学子讲学

君子书院的学子们在“香樟沙龙”

（3）“四世同堂”论高铁。

2020年1月1日，张卫华教授带领学子们赴“香樟沙龙”，师生“四世同堂”共话高铁的前世今生以及未来。

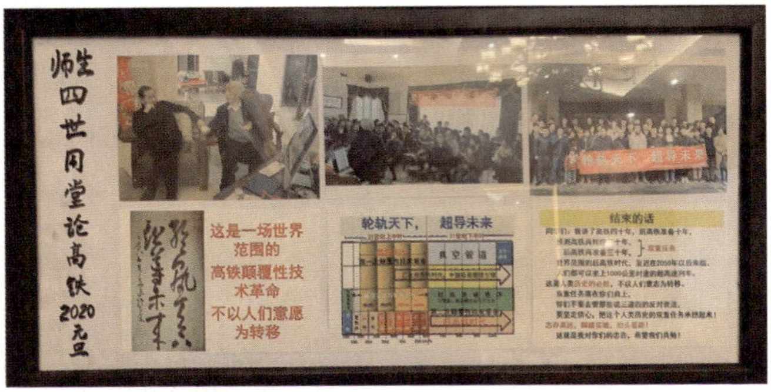

四世同堂论高铁集景

（4）TPL的灵魂。

2020年5月28日，在沈院士91华诞之日，为了不影响大家的工作，他把“香樟沙龙”“搬到”了成都，面对TPL（牵引动力国家重点实验室）的院士、专家、学者，谈及关于“灵魂”的深刻课题，他问，TPL的灵魂是什么？他答，就是我们夜以继日辛辛苦苦为之奋斗的新学科——高速列车大系统动力学。这是一条一脉相承的主线，永远不能偏离轨道，永远不能丢！

沈院士之问：TPL的灵魂是什么？

（5）翻转课堂。

2020年4月19日，这是抗疫居家期间平凡而又寻常的一天。但在当晚，君子（虚拟）书院微信群里迎来了这样一位老人——中国轨道交通领域唯一的两院院士沈志云教授，一起度过了一场难忘的在线交流。沈院士翻转课堂，畅谈“轮轨天下，超导未来”。

“轮轨天下　超导未来”在线课堂海报

心牵发展　情系高铁

2018年5月2日，习近平在北京大学师生座谈会上发表讲话，其中有一段被沈院士贴在墙上反复研究——“大学要瞄准世界科技前沿，加强对关键共性技术、前沿引领技术、现代工程技术、颠覆性技术的攻关创新”，“要培养造就一大批具有国际水平的战略科技人才、科技领军人才、青年科技人才和高水平创新团队”。

深耕高校教育和科研讲台大半辈子的沈院士关心学校发展，提出了自己的两点建议：一方面要坚定不移地坚持特色发展，立足并扎根轨道交通，不断巩固和强化轨道交通学科群在全国乃至全球的竞争优势，还要持续打造轨道交通前沿新的科技制高点；另一方面要持续优化学科发展战略布局，强化基础学科和支撑学科，培育战略性新兴学科和国家紧缺学科，坚持“高精尖缺”导向，加速壮大强势学科和优势学科，全力打造拔尖学科和卓越学科，以此推动“双一流”建设加快发展、特色发展和高质量发展。

沈院士关于“轮轨天下　超导未来”的解读是：200 ~ 600km/h速度区间，任何类型的磁浮列车都难以与轮轨列车竞争，此乃“轮轨天下”；600km/h以上速度必须采用低气压真空管道磁浮列车技术，即采用超导磁浮列车技术，这是“超导未来”。如果从时间上划分，沈院士预言：21世纪上半叶为“轮轨天下”，21世纪下半叶为“超导未来”。

解读“轮轨天下　超导未来”

两年来，沈院士接受了广州日报、华西都市报、网易、国家老科学家办公室等媒体和机构的专访或采访，利用一切机会来宣讲他的高铁观，为中国高铁鼓与呼的脚步一直未停。

特殊党费 不忘初心

从2019年开始，沈院士决定，每年7月1日党的生日这天一次性多缴纳党费10万元。

№ 0835553

党费收据

沈志云同志自愿一次多交党费计

人民币 壹拾万 元 零 角 零 分

特此证明

中共中央组织部

年 月 日

中共中央组织部自愿一次多交党费收据

2019年沈院士和夫人双双满九十，他们恋爱10年，结婚63年，可谓结缡一个甲子，相濡以沫。这是一场跨越73年的爱情！夫人患老年痴呆症12年，在许多事情都不记得的情况下，她还能唱出他们曾一起常唱的歌曲。“她是在重温我们的爱情！”沈院士说。

沈院士在ICU病房陪伴夫人度过90岁生日（2019年1月19日）

退休养老　四个“一个”

2018年7月30日，根据组织上的正式通知，沈院士办理了退休手续，两年多过去了，他觉得过得很充实，总结为四个“一个”：

一个高铁观点。当今世界正在进行铁路的颠覆性技术革命，处于高铁时代。同时还在研究超高速轨道交通，准备迎接后高铁时代。但是对于高铁如何看，存在许多不同的观点。沈院士从20世纪80年代，乘着改革开放的春风，到世界学术舞台上活动，就开始形成高铁观点，2004年就发表了后高铁时代的一些想法。两年来，他在“香樟沙龙”讲过几次这些观点，大家认为值得继续大讲特讲，但是离统一认识还有很长的路要走。

一个研究团队。2019年是牵引动力国家重点实验室（TPL）建立30周年，由当初的22人发展到100多人，在读研究生超过600多人。TPL在我国高铁时代的来临中，发挥了不可替代的作用，正在为继续引领世界后高铁时代埋头苦干，他深信它将取得世界性突破。对这个可以实现其高铁观点的团队，他寄予了最大的希望。

一个终生爱我的人。2019年8月21日沈院士夫人病逝。沈院士在清理夫人的物品时发现她珍藏了70年的一张合照，背面有夫人的留言。他是70年以后才第一次看到，幡然大悟：为何她一生处理事务的最大原则就是顺从，原来是出于对伟大爱情的顺从！

一个最优的养老基地。十几年前沈院士在峨眉校区购买了一套房子，名曰“香樟园”。以前忙，很少来住。他说退休后才发现这是他最好的归宿。十年前亲自种的香樟树已经长大成林，就像自己的学生和孩子一样，看着就有成就感。他每天就在这香樟树下打太极，夏天就在这香樟树旁的游泳池游泳。“香樟沙龙”则可以天南地北地摆龙门阵。他乐观地说，够本了，多活一天都是赚来的，快乐每一天，就是他现在的生活写照。他有什么养生秘诀吗？他说，

一张深藏70年的照片（1949年9月28日）

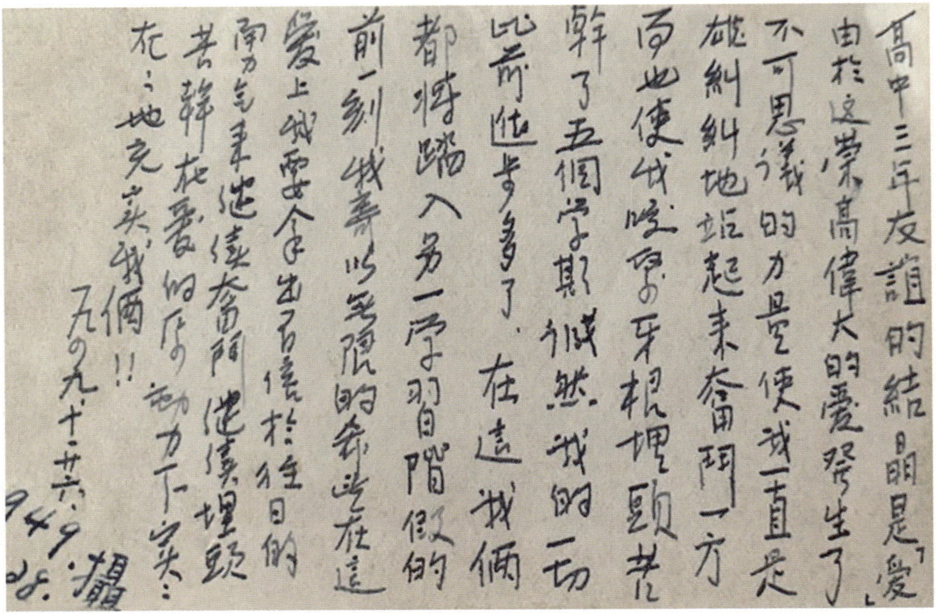

照片背面夫人的留言

没什么秘诀，要说有秘诀，那就是“顺其自然”，该吃饭就吃饭，该睡觉就睡觉，想发表意见就发表意见。他孤独吗？他说，孤独时有广阔的思想空间，有充分的行动自由，有全额的可支配时间，有不受干扰的心灵天地。

沈院士说，有此四个“一个”，每天不快乐都难。他有诗云：

太极香樟下，悠然见风坪。
问君何所有，孤独与冷清。
每日得一见，柔情满胸襟。
但愿人长久，永不断此情。
放下加知足，孤冷变宁静。
山气日夕佳，静观国运兴。

作者：党委组织部　熊嘉阳

不忘“交通强国”初心
矢志不渝甘为人梯

——记铁道电气化自动化专家钱清泉院士

钱清泉，1936年出生，铁道电气化自动化专家，中国工程院院士，西南交通大学教授、博士生导师。长期从事轨道交通电气化与自动化领域的科研与教学工作，开拓了“铁道微机监控与综合自动化”的研究方向，并在牵引供电远动技术方面做出了突出贡献。

在西南交通大学教职员工队伍中，有这样一群人：他们心怀党和人民，攻坚克难，为国家轨道交通事业做出了突出贡献；他们热爱高校教育事业，潜心培养青年学子，用实际行动践行着人民教师“立德树人”的誓言；他们心有大爱，率先垂范，以一流的业绩为交大赢得荣光，为党旗增添了光彩！西南交通大学电气工程学院钱清泉教授就是其中的典型代表。

中国工程院院士钱清泉教授，是我国铁道电气化与自动化著名专家，在轨道交通电气化与自动化领域倾注了一生心力。他主持研制成功我国第一套电气化铁道多微机远动监控系统，在此基础上发展形成的高速铁路SCADA系统，是国家高速铁路系统平稳发展和运行的重要支撑装备。作为国家重点学科的带头人，他为铁道电气化与自动化学科的发展做出了杰出贡献。

钱清泉院士在时速600km高速磁浮评审会上

钱清泉院士曾担任电气工程学院院长、牵引动力国家重点实验室主任和国家轨道交通电气化与自动化工程技术研究中心主任。作为院士和知名教授，他说："我不论担任何种职务，不论是什么身份，最重要的是，我是一名共产党员。"

坚定理想信念，不忘共产党员初心

钱清泉院士于1985年2月加入中国共产党。35年来，他在科研教学工作中一直实践着共产党员求真务实的精神，展现出吃苦在前、攻坚克难、锐意进取的纯正党性。

钱清泉院士在办公室学习

20世纪七八十年代，我国在电气化铁道的建设中，需要以高额代价购买国外的铁路电气化装置，且存在着技术保密、后备零部件无保障等问题。共产党人的责任感让钱清泉教授及其团队意识到，中国的铁路现代化必须"走自主创新之路"，中国的铁道电气化必须"尽快搞出中国人自己的远动装置来"。

1986年，钱清泉教授带领团队开展技术攻关，成功研制了我国第一套“电气化铁道多微机远动实验装置”，标志着中国人用事实打破了当时拥有先进技术的外国人的预言，并从此摆脱了原始的电话调度方式，在我国铁路牵引供电领域开始了一场深刻的技术革命。该装置的成功研发，打破了国外同类产品对中国市场的垄断，引领我国铁道电气化设备走上国产化之路。由此形成的我国第一套电气化铁道多微机远动监控系统，在1991年川黔线电气化工程的国际招标中，以性能好、价格合理的优势，击败日本、英国等多家竞争对手，开创了高校科技成果实现产业化并参与国际竞争的先河，被当时的国家科委批准为《国家级科技成果重点推广计划》项目，陆续在10多项省部级重大工程项目中推广应用，创造了巨大的经济效益和社会效益。

同时，作为一个学科带头人、一个项目主持人、一个研究所负责人，他又带出了一支专心科研、素质一流的科研队伍，确保了我国铁路交通事业在国际上的地位。钱清泉教授在“牵引动力实验室”这一大型国家重点实验室的成立和建设中也发挥了重要的作用。1988年，钱清泉教授参与两院院士沈志云教授精心组织和筹建的“牵引动力国家重点实验室”的建设工作，1995年钱清泉教授出任“牵引动力国家重点实验室”主任，他与同事一道，以优秀成绩通过了国家验收。牵引动力国家重点实验室的建立在国家高速铁路的发展中起到了不可替代的作用，为我国高速铁路发展奠定了坚实的技术和人才基础。

攻坚克难、民族复兴、责任在肩，钱清泉院士一直将民族科技复兴视为己任，在我国轨道交通电气化与自动化领域倾注了极大的心血，用几十年如一日的科研教学工作诠释着一名共产党员的责任与担当。

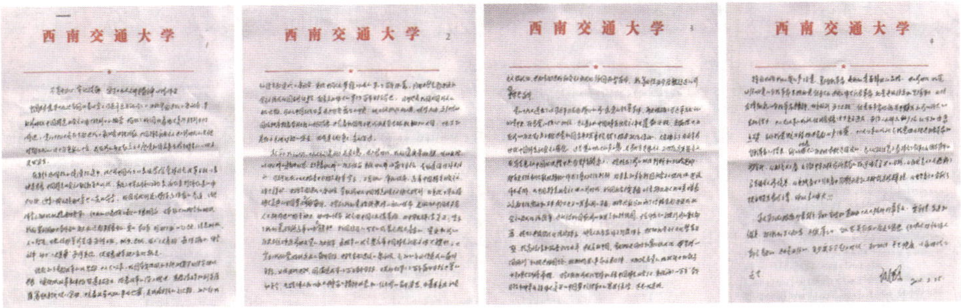
西南交通大学

西南交通大学 2

西南交通大学 3

西南交通大学 4

钱清泉院士手写的学习汇报

作为党员，他坚持参加党支部组织生活，和教职工党员们一起参与理论学习。由于仍然工作在科研一线，需要经常出差，有时无法按时参加支部活动，年逾八十的钱清泉院士在出差途中认真学习了支部下发的学习资料。针对党的十九大精神的理论学习，钱清泉教授非常认真，为了学懂、弄通、做实，他逐字阅读长达3万多字的党的十九大报告，并且坚持手写学习报告与心得体会，上交给党支部。钱清泉院士认真参与理论学习、手写学习报告的事迹在学校师生中口口相传，令大家感动不已。

退休不退志，心系交通强国战略

当前，中国高铁已经极大地改变了人们的生活方式，日渐走出国门，走向世界，成了中国最闪亮的名片之一。磁悬浮列车更是铁路交通发展的一大飞跃，早在20年前，钱清泉教授就对磁浮交通这一新型交通制式保持持续关注。2013年至今，钱清泉教授主持了中国工程院的“中低速磁浮交通发展战略研究”“高速磁浮交通发展战略研究”“超高速磁浮交通发展战略研究”等项目，通过项目推进，培养并联合了一批从事磁浮技术研究的科技工作者，整合了产业资源，推动了中低速磁浮交通线路的建设和商业运营，使磁浮交通技术得到了广泛认可。同时，钱清泉教授也促进了高速磁浮交通的研究进展，对超高速磁浮技术进行了规划和展望，磁浮技术有望在后高速铁路时代中引领轨道交通技术的发展。

生命不息，奋斗不止，尽管已经退休，钱清泉院士依然心系祖国，时刻思考着如何提升我国轨道交通的发展，如何更好地为交通强国战略和一带一路倡议服务。钱清泉院士曾说过，退休后他有过放下科研的念头，但强大的责任心和使命感让他如今依然奋斗在科研一线。作为一名年逾八旬的退休教授，钱清泉院士依然奉献在国家轨道交通发展事业中，积极参与各级各类专业学术交流会议，积极建言献策。近6年时间里，钱清泉院士穿梭在我国30多个城市中，飞行里程超过41万千米，每一个印记都证明了钱老在轨道交通事业不辞劳苦的付出，270多次的飞行，每次都期待能为国家交通强国战略再打造一张崭新的“国家名片”。同时，钱清泉院士还经常为学校、学院发展建言献策，为学校事业发展发挥作用。

钱清泉院士出席世界交通运输大会（WTC）成都论坛

言传身教为人梯，培养青年科技人才

在谋划轨道交通电气化学科发展的过程中，钱清泉院士尤为重视青年科技人才梯队培养，积极利用自身影响力，为青年教师搭建发展平台。他牵头组织建设的“国家轨道交通电气化与自动化工程技术研究中心”是国内该领域唯一的国家级平台。在钱清泉教授的关心和支持下，电气工程学院目前的中坚力量正接过钱老的接力棒，继续为我国的轨道交通电气化与自动化事业贡献交大力量。近年来，电气工程学院取得了一系列高水平科研成果，先后获得国家科技进步二等奖4项、省部级奖励10余项（其中特等奖1项、一等奖3项）。

钱清泉院士还特别关心和鼓励年轻一代科研人员开展创新性的科学研究，分享自身经验，为科研工作者们起到传帮带的作用。在钱清泉院士的指导下，一批革命性、颠覆性的研究如无线电能传输、轨道交通新能源应用等技术正逐步占领技术制高点，开始引领轨道交通创新技术的发展。

钱清泉院士与本科生在学生寝室交流

钱清泉院士走入学生宿舍

同时，钱清泉院士还尤为重视与学生的沟通交流。在繁重的科研工作之余，他欣然接受了学生的邀请，到访学院本科生寝室，与大学生亲密交流。在交谈中，同学们不时就自己感兴趣的问题询问钱院士，比如如何看待交大的“双严”传统，在峨眉时期是如何奋斗等。钱清泉院士以生动浅显的语言一一回答。他告诉同学们：交大历来对同学们高标准、严要求，正因为这样，才形成了交大人严谨、务实的作风，才打造出人才培养质量过硬这一张名片。他勉励同学们坚持对自己高标准、严要求，严谨治学、严格要求，传承“双严”传统。钱清泉院士重视青年学生培养，深入学生群体参与活动的事迹在学校传为佳话，为青年教师树立了榜样。

“老牛亦解韶光贵，不待扬鞭自奋蹄。”钱清泉院士曾说：“‘竢实扬华、自强不息’的精神影响了一代又一代交大人，我为能够为国家的长远发展和人民的需要做出自己的贡献而感到骄傲和幸福。”

作者：电气工程学院　李诗涵　王　轶

老骥伏枥千里志　初心不忘夕阳红

——记离休干部李恒老师

李恒，浙江杭州人，1931年2月出生于上海，1949年7月参加革命工作，先后在中国人民解放军、志愿军九兵团教导团文工队、兵团办事处任文书和工作员，在部队分别立三等功和四等功。1952年9月入校学习，之后留校工作。1953年5月加入中国共产党，1987年5月离休。曾多次获得西南交通大学优秀共产党员荣誉称号，2018年被评为“感动交大十大年度人物”。

展示阳光心态，体验美好生活，如何积极地面对退休生活？带着这个问题我们走访了我校离休干部中即将步入“90后”、被众多老同志亲切地称为“知心大姐”的李恒老师。李恒老师告诉我们，退休后保持良好的心理和生理状态，积极创造健康的生活氛围，是提高老年生活质量的诀窍。在我们的印象当中，李恒老师一直是个多才多艺、性格开朗、乐于助人、积极面对生活的快乐老人。离休后，她坚持老有所学、老有所乐，用生活中积累的知识技能帮助身边有困难的老人。李恒老师总是在老龄生活中积极地追寻着富有生命力的人生价值，给人传播着满满的正能量。

2020年9月，在李恒老师家中访谈

书信寄情，联通友谊

西南交通大学外事处是李恒老师留校后工作时间最长的部门。八年时间，李恒老师先后任外事处科长、副处长。据她介绍，1964年9月，根据中共中央建设大三线的精神，我校从唐山迁至四川峨眉。1972年，学校更名为西南交通大学。学校地处偏远山区，交

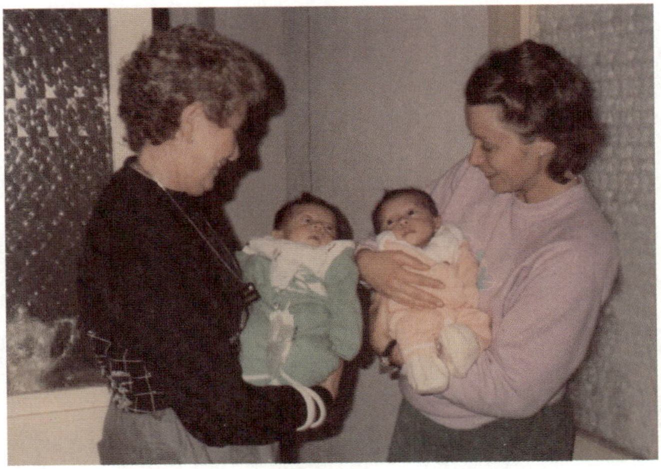

外国教师来校教授英语

邀请校友后代回国感受祖国、学校发展

通、信息等条件均不发达，外事处通过校友联系打开对外交流的大门，把提高学校的知名度和影响力作为重点工作。围绕着“请进来”和“送出去”两个重心开展。“请进来”是把国内外知名专家请入校以及把校友后代请回国，把专家“请进来”在学校开展必要的文化交流活动和进行外语教学；把校友后代请回国是让他们感受祖国的文化底蕴和成就，勉励大家弘扬爱国奉献的优良传统。“送出去”是把我校的师生送出国门，开阔眼界，获得更多信息和资源，培养有信念、有担当、有本领、有家国情怀的优秀人才。

20世纪70年代，高校外事工作无先例可循，许多工作都是边摸索边做。经过多年的经验积累，外事处的工作逐渐走上正轨，在校际交流和学术交流中心建设等方面做出了特色。

在访谈过程中，李恒老师还给我们讲述了西南交通大学曾经被誉为“东方康奈尔”的故事。1980年代，学校为了更好地加强和国外顶尖大学的交流联系，曾邀请康奈尔大学校长一行来我校进行学术文化交流，并签署了交流合作协议，当时主要负责外事接待工作的就是李恒老师。

40年过去了，李恒老师在古稀之年依然希望能为学校做点事情。于是，在120周年校庆前夕，她用英文给美国康奈尔大学前校长写了一封信，发出诚挚的邀请。很快，李老师就收到康奈尔大学老校长和夫人的回信。虽然此时双方的年事已高，能够做的事情十分有限，但彼此依然忘不了当初的校际访问交流的情谊。

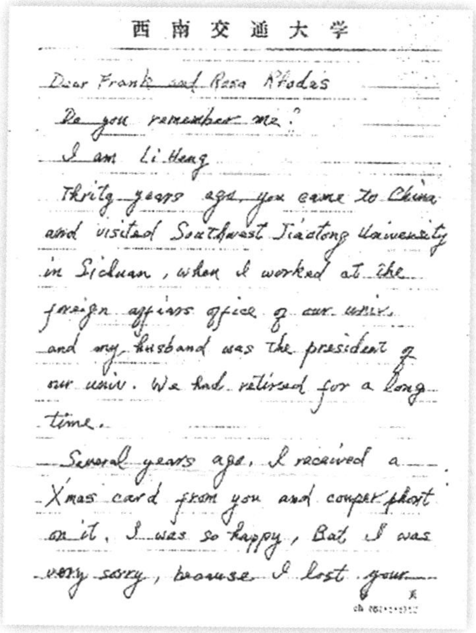

西南交通大学

Dear Frank and Rosa Rhodes
Do you remember me?
I am Li Heng
Thrity years ago, you came to China and visited Southwest Jiaotong University in Sichuan, when I worked at the foreign affiars office of our univ. and my husband was the president of our univ. We had retired for a long time.
Several years ago, I received a X'mas card from you and couper phot on it, I was so happy, But I was very sorry, because I lost your

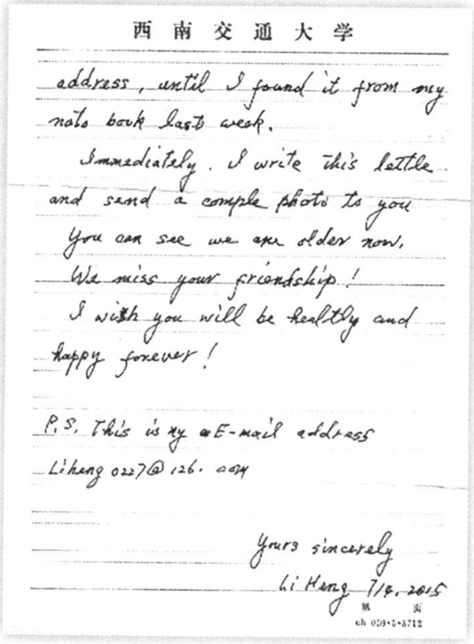

西南交通大学

address, until I found it from my note book last week.
Immediately, I write this lettle and send a comple photo to you. You can see we are older now.
We miss your friendship!
I wish you will be healtly and happy forever!

P.S. This is my E-mail address
Liheng0227@126.com

Yours sincerely
Li Heng 7/4, 2015

李恒老师给康奈尔大学前校长夫妇写的英文书信

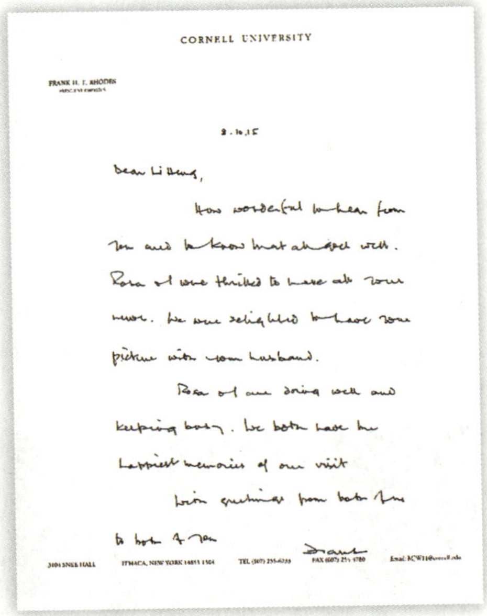

CORNELL UNIVERSITY

FRANK H. T. RHODES

8.10.15

Dear Li Heng,

How wonderful to hear from you and to know that all goes well. Rosa and I were thrilled to have all your news. We were delighted to have your picture with your husband.

Rosa and I are doing well and keeping busy. We both have the happiest memories of our visit.

Warm greetings from both of us to both of you

Frank

3104 SNEE HALL ITHACA, NEW YORK 14853 1504 TEL (607) 255-6233 FAX (607) 255 5780

康奈尔大学前校长夫妇的合照和回信

文化养老，滋养身心

李恒老师自幼爱好十分广泛，在上海读书时就学习拉小提琴、弹钢琴、练习书法。离休后，为了丰富老龄生活，报读了我校老年大学，继续系统地学习书画。几十年来，李恒老师笔耕不辍，书画寄情，在艺术的熏陶和创作中享受着快乐。

2000年，李恒老师与我校老年大学学员在“迎新世纪老年书画展”合影

李老师擅长行书，国画方面对山水、花鸟、工笔也均有所长。谈到书法绘画，她深有感触地说：“每当作品完成，心里自得其乐，有说不出的满足感和成就感。”古语有云：“忠厚传家久，诗书继世长。”李恒老师坚持认为，父母留给子孙后代再多的金银财宝，都不如留下精神财产宝贵。为了更好地传承家风家训，传播正能量，她亲自为孩子们和好友的子女们选择励志诗词，配上自己的书法画作，赠予后代传承忠厚、博爱、奉献的良好家风。

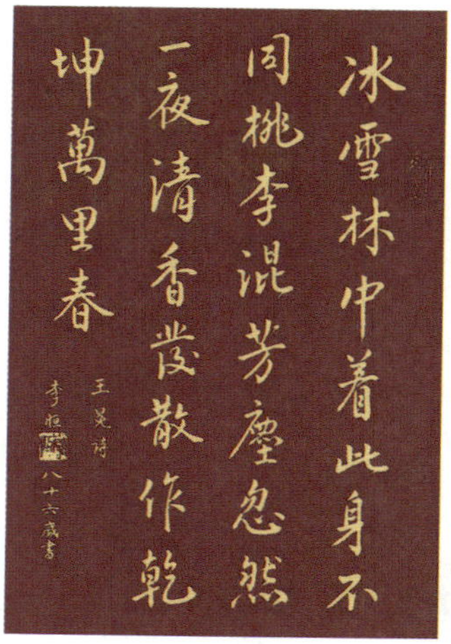

李恒老师书法作品

李恒老师家中作画

李恒老师给好友后代赠字画

已耄耋之年的李恒老师至今仍然保持着每天弹奏钢琴的习惯，当我们到访聊起客厅摆放的钢琴时，李恒老师依然能熟练地为我们弹奏她最喜欢的歌曲——《我和我的祖国》。对于李恒老师来说，老有所爱，既是一种习惯，也是一种养生方式。在寄情于琴棋书画的过程中，她享受了生活的乐趣，充实了晚年生活，提升了生命价值。

李恒老师在家中弹琴

助人为乐，手留余香

李恒老师一向乐于助人，是我校出了名的热心人。生活中事无巨细，她把帮助同事朋友、为朋友排忧解难当成一种快乐。小到为老同志买药、联系钟点工、介绍保姆，大到陪老同志到医院就医，帮助办理住院手续，推荐医生等。我们对李恒老师讲述的两件助人为乐的“小事”颇有感触。其中一件是我校一位退休教授在家中去世，李恒老师闻讯后主动帮助其家属料理后事，后来得知其家属生病，李恒老师又协助其看病住院，待老人病情稳定出院后，李恒老师根据老人的需求帮助联系了养老院，并在节假日来临之际去养老院看望。另一件是我校一位独居退休老师突发疾病，李恒老师得到消息及时赶到其家中，与邻居一起将发病老人送往医院，并帮其办理了住院手续。

当遇到老同志看病出行困难时，她就让自己的子女协助将老人送往医院。有时，她还带些自做的家常菜去探望住院的老同志，让他们换换口味。对于在外地居住的老同志，她会坚持定期打电话联系，给他们描述学校和其他老同志的近况，春节期间也会一一打电话拜年，让他们感受到组织的关怀与温暖。

李恒老师探望住院老同志

李恒老师与学校的好友相聚

其实，早在2002年，李恒老师就被确诊为肺癌，但是病魔并没有打垮她的意志，也没有扰乱她的生活。经过手术治疗，李恒老师的身体康复了。在接受治疗期间，她积极地学习相关的医学知识，对一些病症和生活注意事项有所了解，因此，学校老人经常向其咨询有关疾病治疗的信息，她都尽力解答和帮助他们，为他们介绍有经验的医生，替他们排忧解难。近些年，李恒老师因年龄和身体原因减少了外出活动，但仍旧定期联系组织一些空巢老人到家里聚会聊天，分享生活经验和快乐。

生活中，谁家遇到困难找到李恒老师，她都会尽力为之。老同志们很受感动，纷纷赞誉她是老同志的知心人。她对待生活的态度一贯坚持的是“生命不息，助人不止”。她说自己现在最大的梦想就是能健健康康的，力所能及地为老同志多做一些事。

身体力行，不忘初心

2003年，72岁高龄的李恒老师担任了离休第四党支部书记。她不辞劳苦，经常去探望去世离休干部的家属，慰问住院老党员，走访老干部家庭，定期电话慰问异地居住的党员。

李恒老师参观校史馆

离休支部过组织生活

2013年，李恒老师因身体原因卸任离休支部书记一职，但仍兼任着离休支部的支委工作，一直在离休支部发挥着积极的作用。2016年，她所在的离休支部“永远跟党走　传播正能量”的工作案例入选教育部全国高校“两学一做”支部风采展示，这是我校年龄最大、党龄最长的党支部风采展示。多年来，她为支部工作倾注了满腔热情，赢得了组织和老同志的充分肯定，曾多次被评为校级优秀党员，2018年，李恒老师被评为“感动交大十大人物”。

李恒老师参加“感动交大十大人物”颁奖典礼

李恒老师参加“优秀共产党员”表彰大会

李恒老师虽已离休多年，但依旧关心着国家大事，关心着学校发展，始终坚持“活到老，学到老”。她坚持每天收看《新闻联播》，阅读各类报刊，经常同家人进行讨论。2019年3月，李恒老师学习了习近平总书记在全国高校思想政治工作会议上的重要讲话精神，撰写了《加强高校思想政治工作的一些看法》，在支部学习活动时分享了学习心得。

李恒老师在“我看改革开放新成就”座谈会发言

今年，李恒老师89岁高龄。作为一名有着67年党龄的老党员，她时刻不忘用优秀共产党员的标准严格要求自己，也严格要求着家人。她十分重视对子孙的教育，她的双胞胎孙子自幼在她身边长大，在她的言传身教下，现均是优秀的共产党员，在各自的工作岗位上发挥着模范带头作用。李恒老师的子女在其真诚待人的教育感染下，对待我校退休老同志亦如亲人一般。

生活中，李恒老师自觉践行优秀共产党员的标准，正如她自己所说："我没有轰轰烈烈的事迹，只要我能为别人做一些力所能及的工作，不辜负共产党员这个称号，我就心满意足了。"

作者：党委老干部部（离退休工作处）　徐海霞

一生讲好一门课　锲而不舍几十年

——卢传贤教授教书育人五十四载

卢传贤，中共党员，西南交通大学土木工程学院工程图学教研室退休教授，四届工程图学硕士研究生导师，获奖20多项（含省部级科技进步奖、教学成果奖、优秀教材奖、优秀课件奖等8项，校级教学教材奖10多项），享受国务院政府特殊津贴，现年86岁，仍在主持两套国家级精品教材的编写和修订工作。

卢传贤教授为土木工程制图课程投入了几十年的心血，在交大的三尺讲台上讲授这门课已经有54个春秋了。他为祖国培养建设人才竭尽全力，是值得我们仰望的大师。

卢传贤是土木工程学院知名教授。1956年，他毕业于唐山铁道学院铁道建筑专业，被分配到第三设计院工作，他高高兴兴打包好行李准备第二天启程，可当晚被系秘书段立华老师告知，学校要他留校任教。他没有任何犹豫，服从分配，就这样他来到了制图教研室，从此开启了教学生涯50余年只讲一门课的传奇。

1959年，卢传贤助教三年因教学表现优秀，破格提前独立上课（当时学校规定助教5年才能开课）。1960年他即参与了朱育万教授主编的《建筑工程制图》的编写工作，这是中华人民共和国最早出版的土建类制图教材（人民教育出版社），他还协助朱育万教授审核了外校送审的一本俄文翻译教材。他曾被聘为原国家教委工科制图教学指导委员会副主任委员、中国工程图学会教学分会副主任，经常参与本学科相关的社会活动，广泛结交同行和多层次的人士。1999年国务院为他颁发了政府特殊津贴及证书给予嘉奖。他名副其实地成了西南交通大学工程图学学科的名牌和名片。

卢传贤教授本该60周岁退休，因工作需要延聘至2001年满65岁方才收到退休令。退休后他并未退出教学舞台，仍在给本科生满负荷上课，不遗余力地推动课程建设，也给外校的同行们主审过多套出版教材，直到2006年我校迎接本科教学评估他被抽调到专家组才暂时休课。后来临近2013年时，他又回到讲台做教学实况录像。录像中显示他上课的教室座无虚席，不知不觉到了下课时间学生还余兴未尽。同时他还不辞辛苦地组织教学团队的众人共同参与教学录像，大家总共为本门课程录制了全覆盖的实况录像片计38部。他说，教学需要研究，讲求艺术，练好教学基本功，包括如何在课堂上激发学生的兴趣、善于抓住学生的思路等技能。他在课堂上授课的一瞬间看到了学生们全神贯注、认真听课的场景，内心便立马产生了一种无法形容的满足感。这是只有真正用心从事教学工作，真正从学生角度考虑教学的老师才能体会到的一种身为师者无比自豪的成就感。2004年西南交通大学土木工程制图课被评为国家精品课程，2013年又转型升级为国家精品资源共享课，卢传贤教授是这两项成果的负责人。2015年他受邀筹划并亲自参加了“工程图学国家级试题库”的建设工作，为此他又为图学教育的考试环节奉献了近3年的时光。2017年8月底他以题库验收专家组长的身份赴北京对整个题库项目主持了会议，进行验收。题库成果现已出版发行。而此时的他年已八十有三。老骥伏枥志在千里，教学与科研相结合，他是我校教学和科研融合得最好的大师之一。

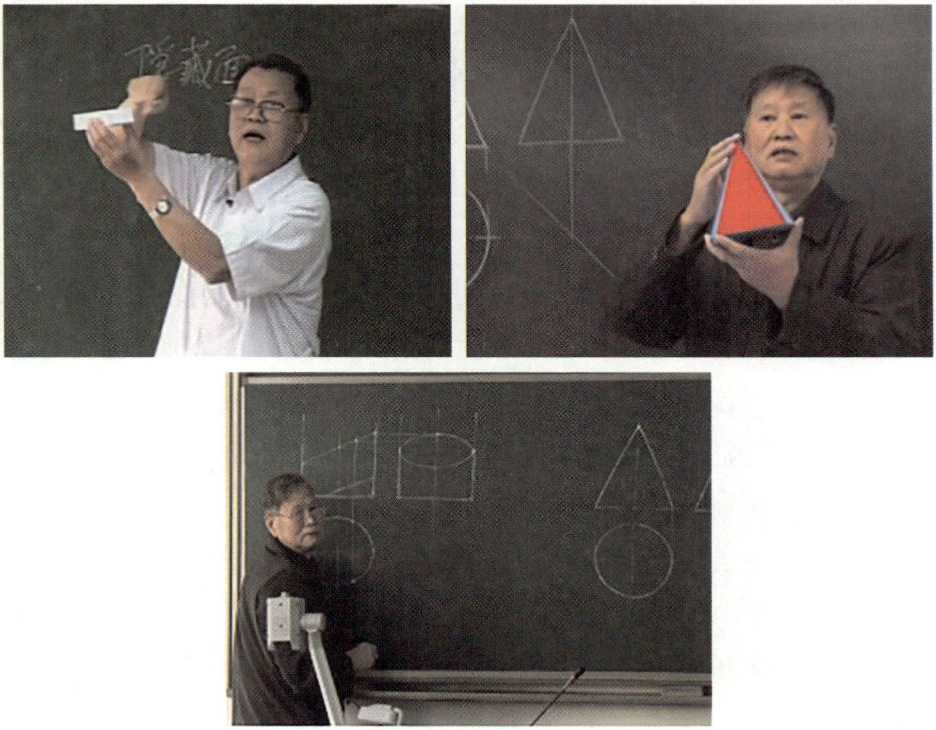

卢传贤教授课堂风采

CAI的意思是计算机辅助教学。这是把计算机和信息技术用到教学领域的新型教学手段，制成的教学软件叫“课件”。课件大部分都是演示型的，一播放就自动演示一遍，以帮助或部分代替教师的教学过程。另一种课件是操作型的，需要使用者自主操作。这种课件的层次要高于单纯的演示型课件。但要跟踪操作者的作图过程，并能识别其作图结果是否正确，那就更加困难了。所以这种课件是教学与科研融合的产物。卢传贤教授的第一个CAI作品叫“智能型读图CAI系统”，这是个高起点的课题，因为它有“智能型”的要求且是一个系统。在做技术鉴定前经过了“技术查新”，也经过研讨会的公开报告，各种情况都表明，它是国内最早把投影图中图形的识别技术拿来攻关的科研成果。只是刚起步的缘故，所识别的图形还仅仅限于直线图形。所谓“读图”，是指根据画好的投影图倒回去想象所表达的形体是什么样的。这原本是人们经过大脑的思考、推理、判别的过程，现在要通过计算机来完成识别，以判明画图时画对了没有，并指出什么地方画错了，这比老师批改作业要求还高。课件在隧道3个班的试用中引起了学生的强烈反响和兴趣，他们不解地说：“我什么地方画错了，它（指计算机）是怎么知道的？”这项成果出台后也引起了学界的广泛兴趣，有几所学校都把对图形识别的研究作为研究生的论文课题，而且他们也都有了新的进步。卢传贤教授的研究生王保松是成绩最突出的一个，他的作品《透视投影》中就有应用和发展了智能型读图技术的成分。该课件多年前就刻录在教材的光盘上公开出版了。

工程制图教学团队这些年创作了一大批的CAI课件，有效地调动了学生的学习兴趣，起到了助教、助学的双重作用，这是我校土木工程制图课和教材的一大亮点和特色。不仅在校内，在全国也是如此。

卢传贤教授除致力于本门课程的教学外，还长时间受聘于学校教学督导组和师资培训中心。总结这些工作，他谦虚地说：“虽然人已到了晚年，但通过这些经历仍感到收益颇丰。”

卢传贤教授退休后，前后听过其他年轻教师一两百人次的课，从中发现并总结出了许多思路和见解。他在《西南交通大学理工科目课堂教学PPT制作与使用规范》中提道：制定本规范的基本思想是：“一切要为学生考虑，一切从教学效果出发。”这也是他毕生所遵从的教育原则。“吃透教学内容，练好教学基本功，是提高教学质量的根本保证。”这是他对确保教学质量的精辟论述。

朱育万老先生是全国著名的学者，受到过中央领导的接见，在朱老言传身教的熏陶下，卢传贤教授传承恩师毕生编著教材的传统，精益求精主持编写了三部教材。

（1）《实用计算机图形学》（1989—1996，西南交通大学出版社）主要是卢教授与李睿谟教授合作的作品。它可能是国内最早的配有数字化教学资源光盘的教材，也是他们最早获得部级优秀教材一等奖的作品，主要用于研究生教学。该书出版后其社会反响之大和畅销程度之深，出乎作者的意料。

两版《实用计算机图形学》

（2）《画法几何及土木工程制图》（1996至今，高等教育出版社）是朱育万教授于生前就起步编写的教材，编、审者涉及交大、天大、重大、武大、同济等多个院校，主要用于土、水、建专业群的本科生教学，已修订至第5版，获得部级优秀教材一等奖。年销量达1万多套。

国家级精品、立体化教材《画法几何及土木工程制图》

（3）《土木工程制图》（2002年至今，中国建筑工业出版社）是卢传贤教授主编的国家级精品、立体化特色教材，已修订到第5版。其特色是将画法几何、工程制图、计算机绘图3个板块的内容整合，内容结构最符合多数高校的教学实情及需要，因而年销量很大，曾达到过年销售3.5万套的纪录，是同类课程教材中的主流教材。

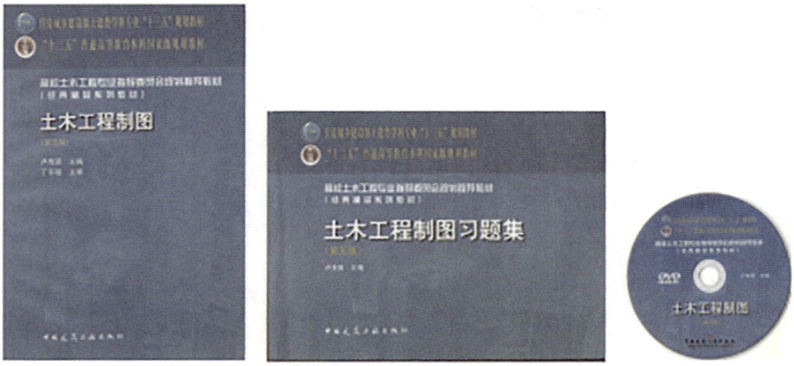

国家级精品、立体化特色教材《土木工程制图》

这些教材，反映了我校的《土木工程制图》课程从20世纪80年代初就开始引入计算机图形技术，制图课的内容更新起步之早、进展之快在全国高校中也是数一数二的。卢传贤教授带领他的团队在教材建设过程中又陆续研制出更多包含计算机图形技术的课件，大大丰富了数字化教学手段，给课程增添了新的色彩和亮点。有了精品教材的贡献和实力，为我校在2004年申报《土木工程制图》为国家精品课程获得成功提供了最大的保障。精品课程要求五个一流，用这些条件衡量，西南交通大学《土木工程制图》课可以自豪地宣告，精品课程我们当之无愧！卢传贤教授在总结精品课程申报成功之路时很客观地指出了有3个要素：一是有西南交通大学校方的大力扶植（含不断的设备经费投入）、支持，包括宣传；二是有诸多专家、同行及相关人士的热情帮助，包括舆论支援；三是本课程团队自身的苦干和努力，包括传承前辈们积累的成果。三大要素缺一不可。它的每一项都有大量的事实背景，所以当时在校内得到了广泛的赞同。精品课程成功申报和后来又转型升级到精品资源共享课的同时，卢传贤教授也将他毕生的奉献精神带给了更多在教学一线工作的教师们。

一生从事的土木工程制图教学

“名师、名教材无形中就是学校的标牌”，这是卢传贤教授1980年“中国工程图学会”在武汉的成立大会上就开始感受到了的。由于学校内迁、改名，很多人都不知道西南交通大学，自我介绍时说了学校的名字后，对方很迷茫，但是一提到名人朱育万先生，对方马上肃然起敬，一切都明白了。这说明名师、名著都在扩大学校的社会影响。孙训方教授的《材料力学》、杨耀乾教授的《结构力学》、范治纶教授的《水力学》和朱育万教授的《画法几何学》一度被称为我校的“四大名著”，在社会上的影响也很大。读过这些名著的人同时也就认识了交大。这就是名师名教材的深远影响。

为我们诠释西南交通大学的“四大名著”

卢传贤教授在从事教学的同时，也为制图课教师从事科研实践蹚过路子。他利用自己掌握的计算机图形技术，研究出如何将技术参数和尺寸变化不定的可变图形，以某种数据结构存储下来，供作计算机辅助设计之用的方法，并带领研究生为某设计院开发出了一套

卢传贤教授与艾莉老师、新闻记者合影

RBCAD系统，成功地用到了华北某工程设计项目中。该项成果通过了陕西省科委的技术鉴定，获得了多项奖励，也取得了技术专利。研究生的论文答辩会有设计院的工程师、校内的桥梁教授等参加，答辩获得了一致通过。香港的新华通讯出版社1995年将这一专利技术收入到《世界优秀专利技术精选》的中国卷中予以出版。他告诉制图课的年轻老师们："制图教师搞工程应用型科研的路子不是没有，就看你搞不搞了。"

故木受绳则直，金就砺则利。卢传贤教授感慨万千，对青年教师寄予厚望：希望他们发扬交大光荣传统，严谨治学，代代相传；对莘莘学子谆谆教诲：祝愿每一个交大人夯实基础，脚踏实地认真工作，争做行业领头人！一生讲好一门课，锲而不舍几十年，这就是卢传贤教授无悔的人生和执着的追求！

作者：土木工程学院　艾　莉　张新玉　李金宜　杨康华

老骥伏枥　志在千里

——老有所为、老有所乐的王金诺教授

王金诺教授生于1937年2月，江苏省泰兴市人。西南交通大学机械工程学院的首任院长、二级教授、博士生导师。先后被授予国家级有突出贡献的中青年专家、全国高校先进科技工作者、铁道部优秀教师、铁道部劳动模范、全国铁路标兵、四川省学术和技术带头人、四川省劳动模范等荣誉称号，荣获铁道部火车头奖章，享受国务院政府特殊津贴，为西南交通大学机械工程学院的学科建设、教学和科研做出了杰出贡献。

王金诺教授2009年赴京参加“庆国庆、坐高铁”活动时在高铁车厢里的留影

照片上这位温和儒雅、精神矍铄的老人就是西南交通大学机械工程学院的首任院长、二级教授、博士生导师王金诺教授。王金诺教授1956年8月以第一志愿从江苏省立南菁中学考入唐山铁道学院机械系，1960年5月提前毕业留校。同年8月去上海交通大学起重运输机械专业进修，师从范祖尧教授。1962年6月进修期满返回唐山铁道学院，正式开启了在西南交通大学的教学和科研生涯。直到2007年11月，王金诺教授年逾70岁才正式退休。1966年至1976年的十年，王金诺教授坚持科研工作，带领本专业师生，深入现场开展技术革新和新产品开发，先后为成昆铁路研发适用于隧道内铺轨的ZP25型低悬臂新型铺轨机，为成昆铁路提前通车做出了杰出贡献。他和本专业师生一起，分别为唐山站、天津站和上海铁路局研发20 t“C”形龙门起重机，30 t和100 t“O”形龙门起重机，并在全国铁路推广，大大提高了全铁路装卸机械化水平。他带领机械系的多位老师为广州铁路南站成功研发港口门座和半门座起重机，解决了码头装卸机械化的难题。他由于在“文化大革命”10年中带领

本专业师生为路内外的铁路、港口装卸机械化和成昆铁路隧道内铺轨机械化做出重大贡献，1978年作为西南交通大学唯一的代表出席了全国科学大会并获得全国科学大会奖1项，铁道部科学大会和广东省科学大会奖各1项。

王金诺教授在几十年的教学和科研生涯中，重视教学的同时，承担国家和省市科研课题30余项，荣获国家科技进步奖三等奖1项，省部级科技进步奖一等奖4项，二等奖9项，三等奖8项，国内外发表学术论文130余篇，出版专著6部；共培养博士后2名，博士32名，硕士50余名，在教学科研和人才培养等方面取得了突出的成绩。

2007年11月，年近71岁的王金诺教授正式退休。自1960年5月留校任教算起，王金诺教授在西南交通大学的教学科研岗位上已辛勤工作了47年。考虑到学院研究生培养和科研工作的需要，退休至今他仍坚持定期到机械工程学院工程机械系的专家办公室工作。

2008年，我国新《起重机设计规范》正式颁布。国内当时没有与之相配套的起重机设计手册，中国铁道出版社行文我校，希望学校组织力量编写一部与新规范相配套的《起重机设计手册》。当时我校资深教授、起重机设计专家张质文教授已侨居美国，这一重任就落到了王金诺教授身上。王金诺教授勇挑重担，与起重机专业的后起之秀程文明教授、王少华教授一起承担该项重任，聘请当时的校院领导张文桂副校长、周仲荣院长（现西南交通大学副校长）担任该大型设计手册的编委会名誉主任，由王金诺教授担任编委会主任。王金诺教授组织了国内大连重工、三一重工、中联重科、徐州重型机械公司等大中型起重机制造企业联合同济大学、大连理工大学、武汉理工大学等近百位起重机技术专家，参加该大型设计手册的编写工作。从2010年开始，历时3年多，100多位编者，经过艰苦努力，一部310多万字的巨型设计工具书——《起重机设计手册》

张质文教授、王金诺教授等主编的《起重机设计手册》（上下卷）

王金诺教授、于兰峰教授主编的《起重运输机金属结构》

（上下卷）于2013年年底正式出版。该书分上下两卷，上卷由张质文、王金诺、程文明、王少华等主编，下卷由王金诺、张质文、程文明、王少华等主编，张质文教授曾多次专程从美国回来指导手册编写工作。该手册出版后，受到国内外起重机行业的高度好评。

由于《起重机设计规范》的出版发行，我校起重运输机械等专业的主干专业教材《起重运输机金属结构》也需要修订，该教材的试用版（王金诺教授主编）曾获全国优秀教材奖，2002年修订版由王金诺教授、于兰峰教授主编，获西南交通大学优秀教材一等奖。为适应《起重机设计规范》的要求，由王金诺教授和于兰峰教授担任主编，自2015年开始，组织同济大学、大连理工大学的同行，对该教材进行修订，该教材是国家精品课程教材，由翟婉明院士和钱清泉院士推荐，获铁路科技图书出版基金资助。历时2年多，该教材于2017正式出版，满足了国内各高校起重专业师生的需要，受到各高校师生和起重机企业技术人员的高度好评。

王金诺教授退休后，仍积极投身于科研工作中。作为主研者之一，他参与了赵永翔教授的“疲劳断裂可靠性理论研究在典型结构中的应用”课题，该项目荣获2009年四川省科技进步一等奖。

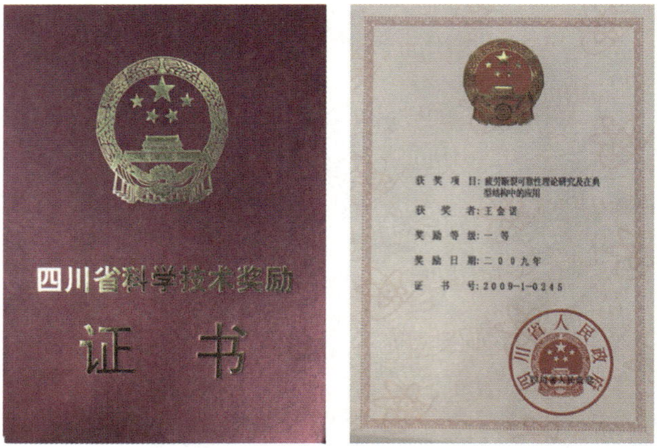

王金诺教授获2009年四川省科技进步一等奖

王金诺教授退休不退岗，继续用自己的经验和智慧服务社会发展。自退休以来，他一直担任成都市机械工程学会常务副理事长，协助理事长陈次昌主席（四川省政协原副主席）主持学会的主要工作。王金诺教授经常参加和主持西南交通大学、四川大学、电子科技大学、西南石油大学等高校机械设计及理论专业的博士研究生论文答辩。

王金诺教授和陈次昌主席一起参加“创新分会”成立大会

王金诺教授主持我校丁国富教授的博士生论文答辩

鉴于王金诺教授为我国起重机行业所做出的贡献和影响力，他于2018年被评为第二届中国起重机械技术学术创新发展论坛学术委员会顾问，并于同年被中国设备管理协会起重机械产业发展促进中心授予“中国起重机械行业终生成就奖”。

荣誉证书

王金诺 教授：

您是中国起重机械行业重要的开创者和奠基人，几十年来为行业做出了突出贡献，特授予您“中国起重机械行业终身成就奖”。

特颁发此证。

中国设备管理协会起重机械产业发展促进中心

二〇一八年十月

王金诺教授获“中国起重机械行业终身成就奖”

在为教育事业奉献余热的同时，王金诺教授热爱并享受着快乐健康、和谐幸福的晚年生活。他热爱书法，亲自书写“绳锯木断、水滴石穿”作为自己做学问的座右铭，他把对书法艺术的热爱化为案头上的勤奋，以一颗平和之心沉浸其中且怡然自得。

王金诺教授的书法作品

王金诺教授注重身体锻炼，时常和夫人余敏年教授一起锻炼身体，积极参加学校离退处和机械工程学院组织的各种退休教职工健身活动。

王金诺教授和夫人余敏年教授一起在校园内进行锻炼

王金诺教授参加校离退处组织的健身活动

老骥伏枥，志在千里。王金诺教授奋战在人才培养的教育战线上60余载，为西南交通大学机械学科的教育、科研发展做出了积极的贡献。2019年5月，在西南交通大学机械学科创建100周年的庆祝大会上，王金诺教授被特别颁发“百年机械教书育人奖”。

王金诺教授被授予“百年机械教书育人奖”

退休后的王金诺教授一直关心和支持学校的发展，他深有感触地对我们说：“母校西南交通大学是一个温暖的大家庭，这里有我敬爱的学长、同事。唐山、峨眉和九里都给我留下了美好的终生难忘的回忆，在我心中交大母校永远是我温暖的家园、心灵的港湾。‘竢实扬华’是我们西南交通大学的金字招牌，严谨治学、严格要求的“双严”精神永远是母校培养杰出人才的法宝，希望一代又一代的学子努力继承和发扬母校的优良传统，以优异的成绩为母校争取更大的光荣！”

作者：机械工程学院　程　军　李　鑫　沙晓雪

余热生辉忆往昔　诗画生活寄敬意

——记信息科学与技术学院潘启敬教授

潘启敬，生于1926年，西南交通大学教授，我国电气化的开拓者和创新者，电气化遥控技术的奠基人，中国高铁领域的先驱科学家之一，西南交通大学计算机专业的创建人。1950年清华大学电机工程系毕业后

来到唐山工学院（今西南交通大学）工作。1954年哈尔滨工业大学铁道电气化专业研究生毕业。1982年至1983年在美国哥伦比亚大学进修，1984年加入中国共产党。历任唐山铁道学院讲师，西南交通大学副教授、教授，电气化自动化研究所所长和计算机应用及信息工程研究所所长。专于计算机网络和遥控技术。负责研制成功我国第一套电气化铁道远动系统和电磁振动落砂电子控制系统。编著有《电子计算机及其在电牵引中的应用》《铁道牵引供电系统继电保护》《计算机网络》《计算机局部网络原理及应用》《计算机网络大全》等。

壮心不已编撰院史

潘启敬教授于1950年在清华大学毕业后分配到唐山工学院，1950—1985年在电机系工作，1985年后在信息科学与技术学院工作。在西南交通大学电气工程学院和信息科学与技术学院的发展历史中，作为在校时间最长、年龄最长的一位教师，潘启敬教授亲身见证了两个学院的发展壮大。

2005年，在信息科学与技术学院迎来45周岁生日之际，已是耄耋之年的潘启敬教授，亲自担负起信息科学与技术学院院史编撰的主持工作，与学院朱怀芳教授、边孝林教授、靳蕃教授、诸昌黔教授组成了编撰组，共同收集和编撰信息科学与技术学院从1960年建立专业以来的历史资料，包括专业设置及学科建设、教学机构演变及教师情况、科研及教学成果、学术及社会活动、学生学习及就业等。

2009年电气工程学院为筹备庆祝电机系60周年华诞，成立了顾问委员会和院史编委会，请潘启敬教授分别担任主任委员和主编。潘启敬教授与编委及秘书共16人又共同编撰完成了电气工程学院简史，名为《甲子电气》。

信息学院简史封面

电气学院简史封面

一部院史，不仅承载着一个学院的沧海变迁，更是记录了一代人的热血青春。一部院史，是留给海内外所有校友的一封家书，也是留给未来学子的见面礼，解析学院起源，讲述际遇沉浮。经过潘启敬等几十位老教授的共同努力，信息科学与技术学院、电气工程学院的发展历程在校友及两院师生的眼中逐渐清晰。无论是信息人在专业初建时的筚路蓝缕，到专业恢复阶段中的艰辛与坎坷，再到独立建系、院后的不断壮大；还是电气人在1952年院系调整后，于电机系发展受到极大影响时岿然坚守，到后来抓住铁道电气化这一特色，在国家铁路大发展的大好形势下取得飞速的发展，培养了铁道电气化，包括高铁、地铁等方面的大批骨干人才，为国家做出了突出贡献。两部“简史”在潘启敬教授等老一辈交大人的笔下，显得无比丰富厚重。

2009年为了庆祝电机系60周年华诞，潘启敬教授还特意画了一幅唐院电机馆的油画，并配了题词。

唐院电机馆（油画）

诗情画意敬先贤

谈起画油画的原因，潘启敬教授的嘴角露出一丝温暖的笑意，“说起来，我自学画油画已经有十多年了。80岁以后，我从学校研究生教学质量督察组的工作岗位上退下来，算是正式开启了自己的退休生活。因为我老伴非常热爱国画，时不时总会画一画，我就萌生了学习油画的想法，跟她‘中西合璧’一下的有趣想法。”从最初开始学习素描、速写，到后来把握色彩、试着临摹，再到后来从风景油画到人物油画，潘启敬教授通过书籍和网络教学视频，一点点地自学并不断练习。开始的时候，潘启敬教授画油画是为了丰富退休后的生活，画作也主要是一些家人、亲友人像或旅游风景，画作画好了就送给家人朋友。

潘启敬教授为我们讲述他的退休生活

如今，除了2009年潘启敬教授为纪念电气学院60周年院庆时所作的《唐院电机馆》油画外，他的家中还珍藏着30余幅中国当代伟人和杰出科学家的油画，都是他这些年来视如珍宝的呕心之作。

“后来，我在日常生活、外出过程中，感到我们的生活条件越来越好，日子越来越红火了，但是周围人介绍、讨论我们国家科学家的话题不多，于是我就萌生了为‘中国当代伟人和杰出科学家画像’的想法，以此表达对这些共和国各领域的杰出人物的崇高敬意。我的画作谈不上艺术，主要是为了敬仰和缅怀他们的丰功伟业。”潘启敬教授温和地说道。这些人物画像中，有中国革命的先行者、中华民国的缔造者孙中山先生，有“横眉冷对千夫指，俯首甘为孺子牛”的鲁迅先生，有中华人民共和国的缔造者、世纪伟人毛泽东、周恩来、邓小平等，有杰出科学家钱学森、李四光、华罗庚等，有中国桥梁专家茅以升院士、铁道牵引电子化与自动化学科创始人曹建猷院士……

鲁迅（1881—1936）

钱学森（1911—2009）

茅以升（1896—1989）

曹建猷（1917—1997）

谈到人物画像中神态的把握，潘教授颇有心得，他说：“我与这些伟大人物所生活的时代或者相近，或者同时，相比于年轻人，我大概更擅长在他们的照片中寻找时光印记的蛛丝马迹吧。这些伟人和科学家大都已经辞世了，但是他们的事迹却一直并且应该永远留在我们的心中。我从他们的照片、他们的事迹中不断揣摩、感悟，用油画的方式将他们的音容笑貌再次表达出来。”

早年艰辛砺心志

潘启敬教授于1926年出生于山西临猗。4岁时母亲过世，父亲长期在外地工作。他幼年是在缺乏母爱的环境中度过的，是慈祥的外祖母和祖父抚养和关怀着他，7岁时开始在外祖母家的西里村上学。1936年他在荣河县立高小上学，受班主任潘实生的影响，他参加了学校组织的抗日救国宣传队，曾在农村庙会上进行过多次宣传讲演。当红军部队行经荣河县城时，他参加了慰问红军的活动。红军朴素的作风和坚决抗日的意志，给他留下了极为深刻的印象。这些经历使他从小就对中国共产党产生了无限崇敬的感情。

在他读高小二年级时，家乡被日本侵略者侵占，学校解散，他失学在家，目睹了日本侵略者对中国人民的惨无人道的凌辱，尝尽了饥寒交迫、朝不保夕、随时都可能遭受日本侵略者迫害的度日如年的痛苦。1940年年底，得知父亲在当时的抗日前线之一——绥远陕坝（现内蒙古临河区附近）时，他便毅然从敌人的铁蹄下逃出，寻找父亲。几经辗转，到达西安，跟随向绥远运送物资的马车，徒步40多天，经甘肃、宁夏，于6月底到达绥远陕坝，找到了父亲。

到陕坝后他参加了绥远中学举办的暑期补习班。他由于如饥似渴地学习，经过1个月补习后，就考上了绥远中学。当时学校生活非常困难，有时吃豆面团子，冬天零下30℃教室也不生火。在绥远中学，他的学习成绩一直名列前茅，高中二年级时就自学了高三的课程，读完高中二年级时（1946年暑期）即考取了清华大学电机工程系。

谈起早年的这些经历，潘启敬教授对很多细节仍然记忆犹新，生活的艰辛磨炼了他坚强的意志，只有经历过那些炮火连天、朝不保夕的战争年代，才能深切体会到民族独立、国家富强对我们的意义；而只有经历了饥寒交迫、颠沛流离的生活之苦，才能感受今天美好生活的来之不易并倍加珍惜。

筚路蓝缕结情谊

谈到潘启敬教授最中意的人物油画作品，就是他为曹建猷院士所画的肖像画。而他们之间的故事，已经跨越了将近70年的历史。

精神矍铄的潘启敬教授

20世纪50年代初，潘启敬与曹建猷先后进入唐山工学院任教，作为大学本科毕业生的潘启敬开始从助教工作做起，同时承担电工原理课程的辅导和电话电报课程的讲授，由于表现优秀，1951年暑假后他被选派到哈尔滨工业大学研究生班深造。深造期间，正赶上1952年的全国院系专业调整，唐山工学院改名为唐山铁道学院，电机系也仅保留了与铁道相关的铁道运输方面的相关专业。潘启敬教授因为在外深造，而没有跟电信专业被调到北京铁道学院。当时，作为电机系系主任的曹建猷教授就非常关注潘启敬老师的发展，积极建议潘老师改学铁道电气化专业，以适应我国铁道技术今后发展的需要。因此，潘启敬老师便成为我国第一个学习铁道电气化的研究生。

潘启敬老师勤奋刻苦，在哈工大研学期间，一边学习一边将俄文的《牵引变电所电气设备》翻译成中文，由高等教育出版社分上、下两册正式出版。这是我国第一次出版的铁道电气化方面的技术书籍。1954年他研究生毕业回到唐山铁道学院，正赶上为第一届

唐山铁道学院曹教授西新住宅阳台合影
从左至右：姚哲明、黄昌继、曹健猷、廖凡、潘启敬、明楚华、林木生、周希德

铁道电气化专业的学生上专业课。在曹建猷教授的支持下，他被任命负责铁道电气化供电教研室的工作，和其他教师一起克服了创办专业中的各种困难。在专业建设的过程中，曹、潘两位老师的合作越来越密切，他们与系里师生一道，共同致力于铁道电气化方面的专业建设工作。深厚的革命友谊，也使得两位教授在“文化大革命”中被批为“曹潘联盟”。

回首往事，潘启敬教授感慨万千：“曹建猷教授，热爱祖国，1951年即全家从美国回到祖国，投身交大，创立铁道电气化教育事业，在当时师资和设备等条件十分困难的情况下，是曹老带领我们，并以身作则，边学边教，艰苦创业，奠定了我国铁道电气化教育的基础。他热爱交大，终生献身于交大！‘文化大革命’对他冲击很大，但他信念坚定，相信党，无怨无悔，古稀之年加入了共产党。他为人正直，关心青年教师，重视学科发展，为交大的建设与发展做出了巨大贡献！”

作者：信息科学与技术学院　胡晓阳

以社会责任奠基学科发展

——高世廉教授专访

高世廉，1933年9月出生于山东省曹县，1956年参加工作，在西南交通大学交通运输工程系历任助教、讲师、副教授（1981年）、教授（1987年）、博士生导师，曾任软科学研究所副所长、城市交通与地下铁道研究中心副主任、交通运输研究所所长，国家自然科学基金会材料与工程学部二、三、四届评委，中国计算机模拟学会一、二、三、四届常务理事，成

都市政府科技顾问团一、二、三届顾问、第四届荣誉顾问。曾任公安部、建设部“畅通工程”专家组专家，中国国际工程咨询公司专家，成都市规划委员会专家组成员。

高世廉教授是西南交通大学交通工程专业带头人，1952年进入北方交通大学车务系学习，1956年毕业于北京铁道学院，分配到唐山铁道学院铁道运输系任教，直至2000年退休，后返聘至2006年8月，高世廉教授完成了为祖国教育事业服务50年的夙愿。

20世纪80年代初干部培训班部分学员合影，右三为高世廉教授

理论结合实际　科研与教学并重

半个世纪以来，高世廉教授在教学方面主要承担铁路车站及枢纽、工业运输、系统工程、计算机模拟、交通工程、城市交通规划、城市轨道交通系统规划等课程的本科及研究生的教学工作，先后培养硕士、博士研究生40名。

2000—2005年高世廉教授在公安部、建设部“畅通工程”专家组工作期间工作照

高教授回忆到，1958年左右自己先后在沈阳站和塘沽站经历了三年的基层工种的锻炼，并在铁道科学研究院接受了两年正规的科研训练，正是这五年的时间，从理论和实践两方面奠定了自己后续的发展基础。通过这几年的积累“养成了一切从实际出发的习惯”，高教授对这几年的经历十分珍视。20世纪50年代末至60年代初，高教授参与完成了“我国铁路枢纽和编组站设计经验总结”后，主要从事“铁路编组站合理图型”和“铁路编组站分阶段发展”的研究，为我国编组站站型现代化做出贡献。

2001年高世廉教授在日本调研

20世纪70年代后期，为了给专业寻求新的理论支撑，高教授自学“系统工程”和“计算机模拟”，于1980年前后开设出此类内容的相关课程，在国内工科院校中也是领先者之一。20世纪70年代末和80年代中期学校决定在运输系创办交通工程专业，并向高教部提出建议，在高等学校专业目录中设立“交通工程专业”，得到正式认定。在这样关键时刻，高世廉教授担任起“交通工程专业筹备组”组长这一重要职务，高教授在采访中提道：“还有朱远民老师和黄家厚老师也对专业的筹备起到很大推动作用，我们也是不能忘记的。”交通工程专业在筹备阶段得到了学校的大力支持，高教授十分感谢学校给予的帮助。高教授记得当时学校还在峨眉，学校为便于与成都市、四川省交通运输部门加强联系，特意在“成都分部”专门为交通工程专业筹备组设立了办公室、资料室和微机房。划拨筹建经费及必要的设备，外聘了资料员。在系领导的大力支持下正式开展了交通工程专业的筹备工作。

呕心沥血　为新专业续航

从筹备到初具雏形，仅仅用了两年左右时间，到了1984年年底，在大家的共同努力下，交通工程专业于1985年开始招收本科、专科和研究生。高世廉教授为交通工程专业的筹备、建设和发展做出了卓越的贡献。

1980年后，高教授主持并主研了国家自然科学基金项目“城市交通管理的辅助决策系统”“城市轨道交通系统规划”等项目；1986—1992年作为第一负责人完成了“成都市综合交通规划”；20世纪八九十年代主持完成了“广州地铁一号线客流预测”等轨道交通规划项目十余项；2000年后作为项目总顾问参与成都市快速轨道交通线网规划工作及其他交通规划项目。近十年来为上海、天津、武汉、成都、重庆、广州、南京、西安、长沙、南宁、杭州、深圳等10余座特大城市的轨道交通规划、建设提供技术咨询。

提到行业发展，高教授言语之间流露出对行业发展无限憧憬的激动之情。高教授说："原来除了解放军就是铁路，进铁路需要填表，叫入路。我们有个习惯，就是现在火车来了都要目送，任何地方，只要碰到火车，都有义务看是否有问题。这个行业有一种凝聚的力量，就是行业力量，中国有很多行业，不管到哪里，碰到同行都会援助，对于我们整个行业，我们大家都觉得自己是铁路的一份子。"

高教授将自己与铁路融于一体，这不仅仅是他的毕生事业，更像是他的伴侣，相伴一生、不离不弃。对于每一个铁路人来说正是这种精神，支撑着一代代交运人一直走下去。

1982年高世廉教授与他的第一位硕士研究生文旭光

孜孜不倦　为行业育新人

2006年，恰逢高教授执教50年，50年来高教授把自己最宝贵的时间、精力和热情都献给了他热爱的专业和学生。至今，他桃李满天下，有的旅居海外，有的已成为行业的知名专家和学者，也有的走上重要的领导岗位，无论在什么地区，无论做什么工作，学生们都始终不忘老师的关怀和教诲。

年逾古稀的高教授至今仍活跃在教学、科研的第一线，仍然关心学科的建设和发展，投入大量的时间和精力参加各种形式的学术活动。高教授的研究横跨铁路运输、城市交通、综合运输等领域，尤其城市轨道交通客流规划的理论和实践，十几年来始终处于国内领先水平。

高教授退休之后，仍然亲自指导学生，直至近些年。退休后的10年时间里，高教授坚持每周六在九里校区信息楼的办公室为在校学生开展关于城市轨道交通规划相关讲座，高教授自己打印讲座提纲，少则七八页，多则十几页，保证每一位前来参加的同学都有一份讲义。高教授直至发病前一天，仍心系同学。一个周五，高教授因突发疾病住院，但心中仍关心周六的讲座，怕学生们白跑一趟，特意嘱咐周围人及时告知学生，周六的讲座取消。高教授将对行业的理解和高度的社会责任感融入与学生的日常交流中，讲解专业知

1995年高世廉教授与学生罗霞在德国调研

识的同时，也不忘告诉学生关注社会的发展，高教授严谨治学的精神和高度的社会责任感让学生备受感染。现在每年仍有许多在校读研读博的学生去看望高教授，高教授总是勉励学生要关心社会、关心国家，把自己的所学知识服务于社会，要把社会责任感放在学习专业的过程中。

在50年的从教生涯中，高世廉教授身体力行，是理论与实践相结合的积极倡导者，并以身作则为学生树立了最好的典范。在交通工程学术界，高教授始终与老一代交通工程学者保持着最亲密的交往和合作关系；对年轻一代的学者，他真心关心、热情帮助，赢得了学术界的广泛尊敬和赞誉。

作者：交通运输与物流学院　薄　琳

随风潜入夜　润物细无声

——记马克思主义学院朱铃教授

朱铃，1929年9月出生，1952年毕业于燕京（北京）大学，同年到唐山铁道学院（今西南交通大学）担任思想政治理论课教师，1999年退休。曾荣获国家级优秀教学成果特等奖，全国普通高校优秀思想政治工作者称号等荣誉，享受国务院政府特殊津贴。

《中国教育报》曾在头版头条长文介绍四川省一位教师的事迹，在配发的短评中，赞扬他在“中国革命史的教学领域里做出了不平凡的贡献，他的事迹令人感动，催人奋进”。他就是西南交通大学马克思主义学院中共党员朱铃教授。

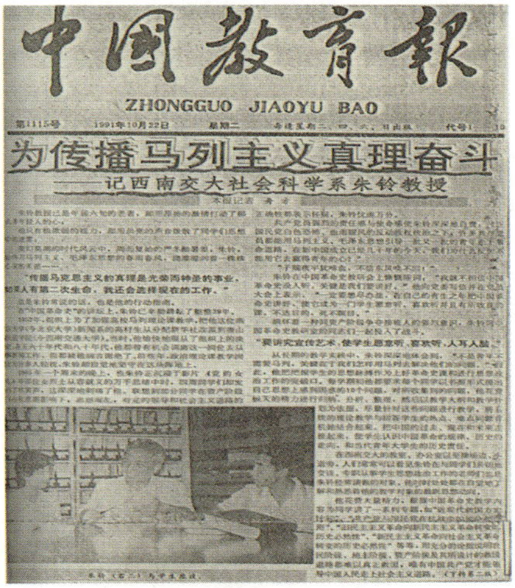
中国教育报

ZHONGGUO JIAOYU BAO

为传播马列主义真理奋斗

——记西南交大社会科学系朱铃教授

1991年10月22日《中国教育报》头版长文介绍朱铃教授事迹

教书育人，情满讲坛

1952年朱铃教授从燕京（北京）大学毕业，服从祖国的分配，到唐山铁道学院（今西南交通大学）担任思想政治理论课教师。68年来，他把教书育人视作教师的天职，把三尺讲坛看作教书育人的重要阵地。他热爱学生，热爱讲坛，把全身精力都投入到讲课中去，认真讲好每一堂课，对讲课充满着感情。

他认真准备每一堂课。他的视力不好，讲课时不能看讲稿，他每讲90分钟的课，都要把八九千字的讲稿记下来。他注意在改进中提高，每次讲完课后，都要反思有什么不足之处。

他研究为什么有些学生不喜欢思想政治理论课，调查研究的结论是：若我们的理论脱离了实际，学生便离开了我们。他把理论联系实际，尤其是联系学生的思想实际，作为思想政治理论课改进与改革的突破口。他认为，研究文字材料仅是教师做了一半的备课工作，还有一半要研究活的材料，即教学的对象——学生的情况。

因此，他提倡，要像革命时，干部深入农村“夏天晒着酷热的太阳，冬天冒着严寒的风雪，搀着农民的手，问他们痛苦着些什么，问他们要些什么”一样，深入到学生中去，满怀热情地问他们需要些什么。为了做到这一点，朱铃教授通过各种途径，深入到学生中去，和学生交朋友。他兼任过系里的学生工作，参加学生的各种活动，帮助学生组织学习马克思主义的社团并参加，参加学生的实习，甚至在学生宿舍中住了一个多月。他在每次上课前，在学生自学的基础上，要求学生结合课程提出自己困惑的10个问题。这样他就从学生提出的两三千个问题中梳理出共同性的问题，结合课程的内容讲授，以回答问题为导向进行专题传授，把教学的内容与学生的问题结合起来，把教书和育人结合起来，把传道、授业和解惑结合起来，受到学生的欢迎。

“五字教学法”让青年学生愿意听、喜欢听

“90后大学生获取信息渠道很多，视野很广，对事物有自己的思想和态度，不会轻易接受说教。”朱铃教授认为，思想政治理论课是一门科学，也是一门艺术。他总结“中国革命史”“中共党史”“中国近现代史纲要”等几门课程的几十年教学经验，提出“五字教学法”：简、实、新、理、情。当年四川省教委组织的教学成果鉴定委员会认为“符合高等教育和思想理论教育的规律，是在新形势下，对党的马克思主义理论教育传统经验的继承、创新和发展”。

2018年11月的一次讲座上，朱铃教授讲到《共产党宣言》引领中国革命时讲了一个故事：四川通江县王坪红军烈士陵园安葬有烈

朱铃教授做《共产党宣言》导读

士2.5万余名，其中1.7万余名没有留下名字，他们的墓碑上只有一个红色的五角星。故事很短，但同学们都听得很认真。“你们的名字无人知晓，你们的功勋永世长存！”朱铃教授含着眼泪，以饱满的深情读了碑文。之后，全场静默，随即掌声雷动。讲座结束后，西南交通大学马克思主义学院2016级硕士研究生彭丹依然在回味这个故事，她说：“我听过两次朱教授的讲座，两次都是他讲得热泪盈眶，我们听得热泪盈眶。他的讲座充满感情，他在感动别人之前，首先把自己深深地感动了。”

“一节课一定要有几个动人的故事。”朱铃教授说，波澜壮阔的中国革命史是无数先烈用鲜血写成的，动人的故事有很多很多，90后却知之甚少。只需精心加以选择，简明扼要、实事求是地讲述分析，才能使学生认清只有在中国共产党的领导下，高举马克思主义旗帜，走中国特色社会主义道路，才能实现民族复兴的中国梦，这才是中国的人间正道。《光明日报》记者报道称西南交通大学的老师把“中国革命史”课“讲活了”。

魂系青年，做青年学生和教师的良师益友

朱铃教授关怀青年教师的成长。铁道部为了培养思政课的教师，在唐院专门开办师资班。他和同志们一起，为了办好这个班，超负荷运转，头发都花白了，累得生病住院，还没有痊愈，他又走上讲台。他的工作量超出标准很多，但只拿教研室平均的课时报酬。他语重心长地说："教马列的人，自己应该学马列，信马列，讲马列，干马列，要言传身教，身教要重于言教，要做一个坚定的马克思主义者。"他帮助青年教师看讲稿，传授教学经验，他成为教研室学科带头人和"有凝聚力的核心人物"。

他热爱人民教师工作，热爱马列主义理论教育，热爱青年。他很少有假期与假日，学习与教学构成了他生活的主要内容。他忘我工作，以至累得吐血。住院期间，为了修改教材工作到深夜，受到医生和护士的干预。尽管他的视力很差，左眼只有0.1，右眼基本失明，但他仍然通读大量的资料，充实教学。

传、帮、带，为了后继有人

1999年，朱铃教授"退休"了，但他春蚕丝未尽，蜡烛泪未干，退而不休。他把发挥余热的重点放在"传、帮、带"上，帮助青年教师成长，使思想政治理论课队伍后继有人。他利用担任教育部、省教育厅和学校思政课督导员的工作，深入课堂听课，发现人才。他在一次省高校听"邓小平理论"课时，发现一位青年教师讲课很好。他找这位老师谈了三次，又找他们的系领导谈了两次，详细了解他的情况，并请其他督导员再去听课，确定是好苗子。于是他在向该校党委汇报听课情况时，积极推荐这位老师，希望学校能加强对他的培养，使他能展翅高飞。他形容自己发现这位青年老师时的喜悦心情时说："好像一个老人，找到了自己失散多年的儿子

一样的喜悦。”现在这位老师已经成为博士导师。朱铃教授成为找到这位“千里马”教师的伯乐。

近年来由于身体的原因，朱铃教授把“传帮带”的重点放在了校内，除了举办讲座和讲党课外，还通过各种途径帮助青年教师成长：为他们提供讲课的建设资料，介绍讲课的经验。峨眉校区老师缺乏资料，他捐赠自己的藏书。“中国近现代史纲要”和“毛泽东思想和中国特色社会主义理论体系概论”教研室申报精品课，作为学科带头人，他与教研室同志在一起研究方案，解答疑难，审阅讲稿，审听试讲。教师试讲时正值春节前夕，天寒地冻，教室内没有取暖设备，有的教师冻得几次到走廊里跺脚取暖。朱铃教授始终坚持下来，每次听课讨论都要四五个小时。在他和老师们的共同努力下，终于取得了国家级精品课、国家级精品资源共享课、“中国近现代史纲要”国家级优秀教学团队的成功。

朱铃教授在对青年教师传帮带时，特别强调思政课老师自己要坚信马列。为了帮助他们努力做坚定的马克思主义者，他自费赠送给全院90多人每人一本陈先达教授著的《理论自信——做坚定的马克思主义信仰者》。

朱铃教授指导中青年教师

朱铃教授虽然已经91岁高龄，但他仍然坚持为学生开讲座。比如2016年是长征胜利80周年，2018年是马克思200周年诞辰又是《共产党宣言》发表170周年，他主动请缨，给学生和教职员工做了多场报告。他还经常给申请入党的学生讲党课。这些报告和党课受到听众的热烈欢迎。2017年4月15日，朱铃教授在峨眉校区上题为“共产党人的理想与信念”党课，两个小时的讲课，听众自发鼓掌达21次。在学生写的听报告后的感想里，都谈到朱铃教授的报告带给他们的震撼和教育。

光明日报
GUANGMING RIBAO

习近平《为实现民族伟大复兴推进祖国和平统一而共同奋斗》单行本出版

用真理赢得青年的心
——记年届九旬仍活跃在思政课堂的西南交大教授朱铃

办好一次会　搞活一座城
——青岛放大峰会效应推动高质量发展

福州：文明滋养让城市呈现最美的样子

为新时代的改革寻找“新动力人群”

光明论坛

2019年1月10日《光明日报》头版发表了题为《用真理赢得青年的心——记年届九旬仍活跃在思政课堂的西南交大教授朱铃》的报道

朱铃教授为师生做讲座

我心永恒，无怨无悔

由于朱铃教授在马克思主义理论教育建设与改革方面的成绩，党和国家给了他很多荣誉。他获得的主要奖励包括：（1）1989年，荣获国家教委颁发的国家级优秀教学成果特等奖；（2）1991

年，荣获中共中央宣传部、组织部、国家教委、团中央等五单位授予的全国普通高校优秀思想政治工作者称号；（3）1992年，荣获《半月谈》杂志颁发的《半月谈》思想政治工作创新奖；（4）1993年，荣获铁道部政治部授予的全国铁路优秀知识分子称号；（5）1996年，他参与编写的由国家教委社科司主编的高等学校马克思主义理论课通用教材《中国革命史》，荣获国家教委颁发的优秀教材一等奖；（6）1997年，荣获国家教委社会科学司、思想政治工作司等单位授予的首届全国普通高校百名“两课”优秀教师称号；（7）1998年，荣获中国教育工会全国委员会授予的“全国三育人先进个人”称号，等等。此外，他得到国务院颁发的政府特殊津贴，还获得过四川省和学校的多项奖励，多次被评为优秀共产党员。他的事迹和经验，先后被中央和地方的多家媒体撰写专文介绍。

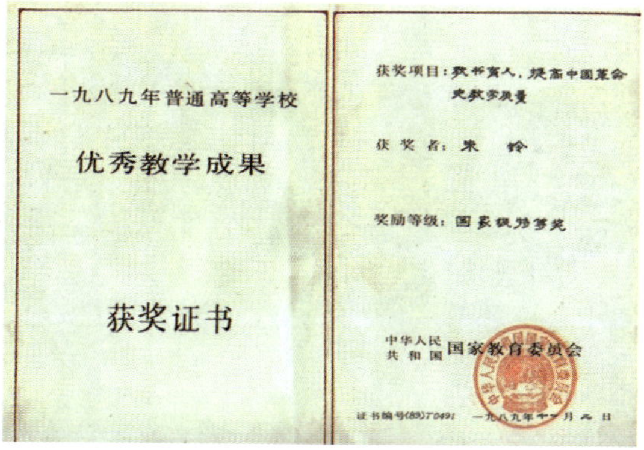

国家级优秀教学成果特等奖证书

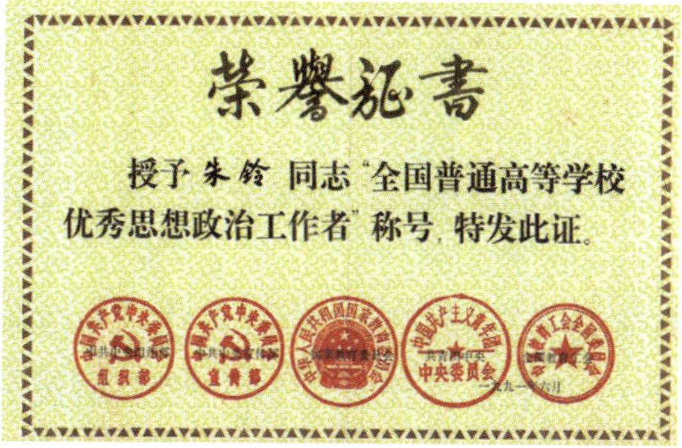

全国普通高等学校优秀思想政治工作者称号证书

“老牛明知夕阳短，不用扬鞭自奋蹄。”不忘初心、继续前行的朱铃教授说：“历史已经把我的命运与青年联系在一起，与思想理论教育联系在一起，生命不息，就要奋斗不止。我心永恒，无怨无悔。”

作者：马克思主义学院　王　韬

不忘初心　心系学校
桃李不言　下自成蹊

——记经济管理学院郭耀煌教授

郭耀煌，生于1937年，河南偃师人，西南交通大学经济管理学院学术泰斗。1960年8月毕业于天津大学工业与民用建筑专业，后分配到唐山铁道学院任教。西南交通大学经济管理学院教授、博士生导师，四川省学术与技术带头人，省专家评议（审）委员会委员，享受国务院政府特殊津贴。曾获四川省科技进步奖、四川省哲学社会科学优秀成果奖、铁

道部优秀教材奖等科技奖励多项，获得铁道部优秀教师、全国铁路优秀科技工作者、詹天佑人才奖等荣誉。曾应邀作为荣誉研究员和合作者赴香港理工大学和香港科技大学进行合作研究。

人的一生总会遇到几个“贵人”，他们如灯塔一般为我们指引着前行的道路，他们也在用自己的一言一行、一举一动为我们做着示范！郭耀煌教授20世纪80年代初参与筹建西南交通大学管理工程系（今经济管理学院前身），1995年领衔申报成功“管理科学与工程”博士点，长期从事教学一线和学科建设工作，为研究生的培养和学科建设的发展做出了重要贡献。他曾作为西南交通大学校研究生质量督察组的副组长、经济管理学院研究生质量督察组组长，为研究生培养质量的提高献计献策。

他先后为管理类专业的博士研究生、硕士研究生、本科生等不同层次学生讲授现代决策理论、运筹学、系统工程、工程科学管理、科技进步评价等课程。他指导的博士研究生中已有44人获博士学位，博士后已有4人出站，指导的硕士研究生已有59人获得学术型硕士学位，40人获得MBA或工程硕士学位。他对待学生关心爱护，注重进步启发，热忱帮助，学术上严格要求。执教以来他的学生遍布我国工程管理行业、公共事业单位、科研院所、政府部门等从事教学、科研、管理等工作。毕业的学生中目前已有博士生导师近10人，教授、高工等高级职称者50多人，副局级以上领导干部10余人。

郭教授教学、科研成绩突出，曾获四川省科技进步二等奖1项，四川科技进步三等奖3项，四川省哲学社会科学优秀成果二等奖1项，四川省哲学社会科学优秀成果三等奖2项，铁道部优秀教材二等奖1项，先后获铁道部优秀教师、全国铁路优秀科技工作者、詹天佑人才奖等多项荣誉和奖励。编著出版教材4部，出版翻译教材2部，出版专著4部，发表学术论文70多篇。

作为知名的管理科学专家，郭教授积极参与有关的社会活动，多次参加省、市的有关课题论证、评审和评奖。近几年来，曾20多次参加企业经济管理人才、政府领导人才的考试与测评工作，为推动人才选拔与评价科学化、公开化和公正化贡献了一份力量。

他为人谦逊，待人温和，做事认真，专业能力很强，对待工作一丝不苟。现在，他已经退休十多年却仍然坚持学习，读书看报，关心国家大事，关心学校学院的发展，经常参加学院的活动。他常常说："我就觉得自己没理由放弃，没理由放松，活到老学到老。"他虽然白了头发，却依然保持着那颗共产党员的初心。

郭耀煌教授2001年参加运筹学教育研讨会

郭耀煌教授在IFAC国际会议上与同行交流

郭耀煌教授作为访问学者在香港科技大学图书馆阅览室

自2002年退休以来，郭老没有停下脚步，积极发挥余热，为学院做贡献。他始终坚守一个信念：对工作脚踏实地、真抓实干；对学生真情实感、用心培养；对社会无私奉献、不计名利。正是拥有这个信念，他凭借着高度的责任感，全身心投入到学院建设。本该是享受天伦之乐的老人，却整日为学院事务忙碌，退休后仍然参与学院学生培养工作和一些科研评审工作。他经常讲的一个词是“狡兔三窟”，说的就是，我们搞科学研究不能一条道走到黑，而是从一开始就要想好几套方案。凡是郭教授负责的项目，都能准时完成验收。培养学生方面，离休后所有的学生基本都是自己亲手带，从选题、文章结构框架、方案设计、论文都要经过他的认真审阅、修订，学生有困难他都会尽力帮助。

郭耀煌教授在西南交通大学获得“管理科学与工程”博士授权点后的庆祝会上讲话

郭耀煌教授在1996年参加弟子管理科学与工程博士论文答辩

2006年郭耀煌教授参加博士学位论文答辩

郭教授喜欢跟他的学生或同事聊天，也会通过组织活动的形式召集大家聚一下。我一直觉得老师是心中有大爱的人，每次聚会，他都会关心大家的工作情况，鼓励大家努力进取，多出成果。春华秋实，桃李沁香，每年教师节来临，有很多经济管理学院毕业的校友回来看望郭教授，重拾过去的回忆，将自己对老师的那份爱与深深的牵挂从心中唤起，重温精彩瞬间。我们人生中最重要的学习阶段都离不开老师的谆谆教诲，每一步成长都渗透了老师辛勤的汗水和心血。

郭耀煌教授在学院图书室评阅学生毕业论文

2019年校庆之际，学院84级校友毕业三十周年聚会上，郭教授和学生们见面，一起回忆旧时的学习时光，交流现在工作的情况，师生情意浓浓，气氛融洽。

1984级校友毕业30周年经济管理学院合影

郭教授自退休以后，常年早睡早起，坚持锻炼，每天都会研究一些养生方法，常常去镜湖边散步，精神生活丰富。郭教授一直兴趣广泛，积极参加学院组织的春游或秋游活动，和老师们、孩子们一起交流。

2019年11月经济管理学院教职工、退休老师及家属在学院工会的悉心安排下去龙泉山三岔湖秋游，一路上大家问候郭教授的健康状况，郭教授关心大家学习工作情况，边走边聊，携老扶幼，其乐融融。

郭教授和学院教师们、孩子们一起踏青合影

郭教授跟老师们经常聚会，尤其是在与过去的门生交流时，会聊很多话题。在我们看来家长里短的事，好像很少能从郭教授的嘴里听到。但是谁家没有点鸡毛蒜皮的小事呢？而郭教授从来不看在眼里，也不放在心上，偶有提起，也是劝老伴儿不要理会这些小问题。

郭教授常常委婉地教导子女，希望年轻人要心胸开阔，学会处理家庭关系，不要让那些小事干扰自己的工作、影响自己的心情。他和爱人结婚几十年，互敬互爱、相濡以沫，家庭和事业兼顾得很好，儿孙孝顺，家庭幸福美满。

郭教授全家福合影

作者：经济管理学院　晏理斌　李洪辉　王　熙

潜心育人　传承"双严"

——力学与工程学院高淑英老师的退休生活

高淑英，生于1936年，西南交通大学力学与工程学院教授。1959年毕业于唐山铁道学院，1981—1983年在德国不伦瑞克工业大学进修，现为西南交通大学本科教学督导组专家。曾任西南交通大学工程力学系

主任、中国振动工程学会理事、四川省振动工程学会副理事长、四川省力学学会一般力学专业委员会主任委员、西南地区基础力学协作委员会特邀代表等，享受国务院政府特殊津贴。长期从事理论力学、振动力学等课程的教学工作，编写出版了《理论力学》《线性振动教程》《理论力学新型习题》等教材及相关力学类电教片。研究领域为振动力学及应用、噪声控制等，主持完成多项国家级、省部级科研项目。发表科研、教学论文50多篇，多次获科研和教学成果奖。

“严谨治学、严格要求”是交大的优良传统，这个传统不仅不能丢，还要更好地发扬下去。以高淑英老师为代表的退休教师心系母校，在退休之后仍发光发热，充分发挥“传帮带”作用，继续关注支持学校和学院的发展。高老师见证了西南交通大学自成立不断发展壮大的历程，她兢兢业业，鞠躬尽瘁，倾其50多年的心血在学校的教育事业上。

高淑英老师讲述“双严”

在高淑英老师心里，作为一名教师，支持学院和学校快速发展，关注教学质量就是自己的本职工作，她常说：“只要有需要，只要身体状况还能坚持，我就愿意听从学校和学院安排‘继续工作’，为学校和社会贡献一份力量。”高淑英老师在退离一线教学后，加入了西南交通大学本科教学督导组，主要负责对年轻教师的教学进行监督与指导。

作为本科教学督导组专家，每次督导青年教师授课时她都会提出具体建议和意见，协助教师共同解决问题。她表示，教学质量好不好，关键看“严谨治学、严格要求”落实得好不好。“要时刻牢记为人民服务”，高老师一直强调，希望青年老师们勤勤恳恳搞好教学，认真钻研，要学还要“问”，继承前一辈成果，踔实扬华，发扬光大。

高淑英老师一直关心力学学院的学科建设和发展，关注青年教师的科研和学术情况。她经常同学院青年教师座谈和沟通，讲述院史和力学学院“双严”传统精神的传承，其严谨的教学态度和复兴交大的决心深深感染着身边的每一个人。

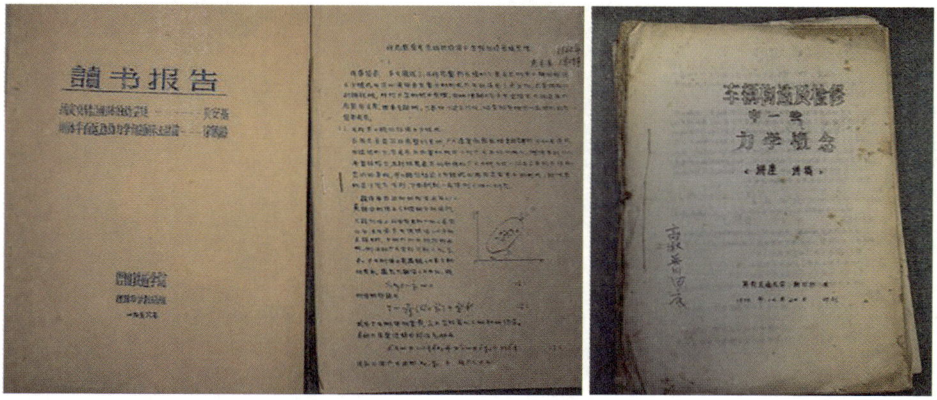

高淑英老师参与编写的教材及讲义

已经泛黄的纸页，工整的手写字迹，每一行每一页都透露着老一辈教师的认真和严谨。在高淑英老师50多年的教学生涯中，曾经上过理论力学、结构力学等多门课程。高老师始终坚持在新学期授课前，都要重新做一份备课笔记。她课堂上布置给学生的题目，也一定会亲自进行受力分析，用尺笔画出工整的受力图，同时注明解题的详细步骤。

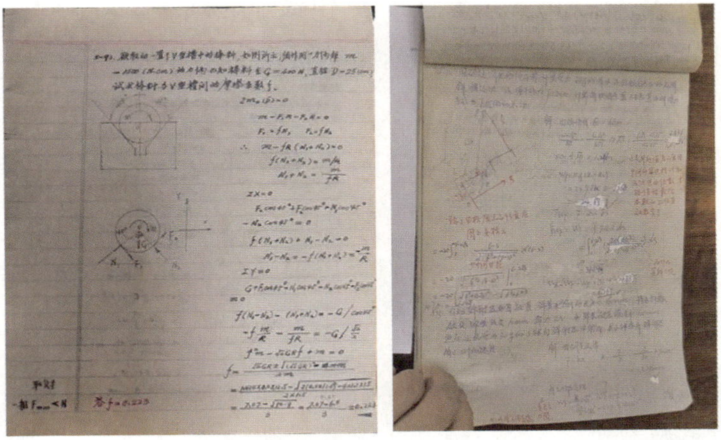

高淑英老师手写的习题课讲义

高老师认为，教书育人是教师的第一责任，对学生的严格要求也要放到青年教师身上，现在的老师应该把更多的精力放在教学中，放在学生身上。过去条件差一些，模型教具都是老师亲手制作，教案也是手写，现在教学条件好很多了，但是不能放松备课标准，“严谨治学”的传统不能丢。教学的形式需要与时俱进，但是革新不能成为降低要求的借口，力学教学的优良传统要保留下来。

高淑英老师参加学生党建活动

作为一名老党员，高淑英老师多次谈道："无论走到哪里，都不能忘记自己的初心""要坚定信念，要充满正能量，时刻跟党走"。退休后高老师积极参加所在党支部的组织生活会，继续认真学习党的理论知识，给青年学生和教师起到了良好的先锋示范作用。2019年6月，力学学院"先锋力行动"启动仪式暨学生党员宿舍（工作间）挂牌仪式在九里校区1号综合楼240学术会议厅顺利举行。学院老领导、老教授高淑英老师为学生党员宿舍（工作室）代表授牌，看着党员学生们青春洋溢的脸庞，高淑英老师寄语学生党员们：年轻人，接力棒交到你们手里啦，你们要继续发挥好党员的先锋模范作用！

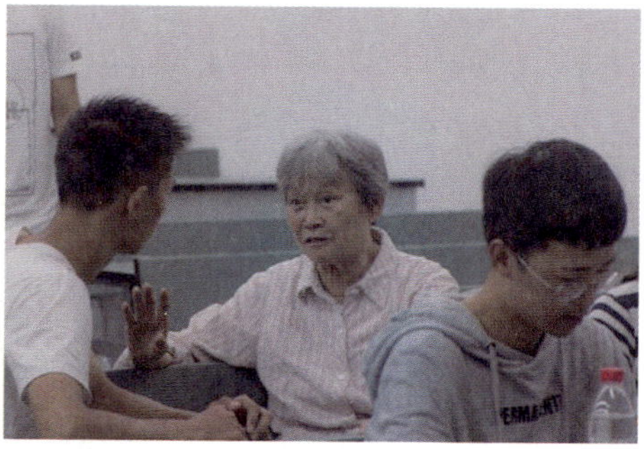

高淑英老师为新生讲授励志讲座

高淑英老师喜欢和学生打交道，非常欣赏学生的钻研精神。她常常叮嘱同学们要珍惜大学时光，认真学习专业知识，更期望同学们能够青出于蓝。2018年10月她为力学学院2018级新生讲授了一堂励志教育讲座。

讲座之前她亲切地和学生们进行了交流，了解了他们的学习情况，并结合自己的经历给了大家一些中肯的建议。讲座中高老师结合自己的经历，为学生们生动讲解了西南交通大学和力学学院的历史。为了让学生们感受学校和学院的发展历程，高老师还提供了很多珍贵的老照片和自己做的教学讲义让学生们传阅。高老师这次的励志教育讲座加深了学院新生对力学的认识，为日后专业课程学习奠定了基础，并进一步激发了他们的学习热情，增强立志力学专业的决心。

高淑英老师辅导学生

高淑英老师关注学生成长成才，经常鼓励学生：有压力，就有理想，就有要追的梦。

她在课堂上是一个非常严格的人，但是课下和学生们像朋友一样相处。学生有问题来找她，她从不推脱。不仅如此，高老师有时候还会主动找学生提问，并帮他们答题解惑。学生的每一次课后作业，她都会用红色签字笔写下注意事项和改正要求。高老师认为，学问，有学必有问。听课不是一味地听讲，也要有自己的思考，必须多问几个为什么。她经常对学生们说："学习要从实验中得到东西，得到问题，围绕问题再解决问题。做实验要严谨，要学会制作模型，建模很重要，做实验也要动脑筋，这样才能学到东西。"

高淑英老师在退休后，继续提升自己的生活质量，做到老有所学，老有所乐，积极参加学校举办的各种退休活动，锻炼身体，健康生活，多次参加学校扬华合唱团的演出，用饱满的精神歌唱新时代的美好，用歌曲开启人生"第二春"。丰富的文艺生活让她笑容满面，健康开朗，她说："练习合唱可以锻炼记忆力和听力，培养

高淑英老师参加老年合唱活动

快乐向上的生活情趣，还能扩大社会交往，结识更多的朋友，收获许多友谊。和歌友们一起练唱优秀的歌曲，可以唱出快乐和友谊，唱出健康和长寿。”

作者：力学与工程学院　刘　青

情系交大　初心不改

——记材料科学与工程学院孙鸿老师

孙鸿，1953年出生，西南交通大学材料学院生物医学工程系材料表面工程实验室工程师，高级实验师。2014年4月退休。1991年1月加入中国共产党。1994年任焊接教工支部书记。2001年任生物医学工程教工支部书记，材料学院党委委员。先后5次获得“西南交通大学优秀党员”的称号，4次获得“西南交通大学优秀党务工作者”的称号，2013年获“四川省教工委优秀党支部书记”的称号。

从唐山到峨眉到成都再到犀浦，孙鸿老师用自己的大半生见证了中华人民共和国成立以来交大经历的风风雨雨。作为一个交大人，一位党员，一名教师，从走上自己的岗位，确定了自己党员与人民教师的身份开始，孙鸿老师便与党、与交大、与学子们结下了不解之缘。

交大缘，从扎根到浓荫

中华人民共和国成立初期，孙鸿老师的父母毅然放弃海外优越的生活和学业回到祖国，投身于中华人民共和国建设的队伍中，成了交大教职工。孙鸿老师也便成了“校子弟”。“他们的精神永远值得学习。”孙鸿老师谈及父母的归国决定时如是说，“我们都是一块砖，哪里需要就往哪里搬。”

（1）学习与工作并进的青年时期。

在交大就职前，孙鸿老师有着五年半的农村插队经历，曾在煤矿工作。孙鸿受聘进入交大工作时仅完成了初中学业，他觉得这样不适合在高校工作，于是在丝毫没有耽误工作的同时，他用了8年的时间完成了高中和大学的学业。回想起这段经历，孙老师语重心长地说：“现在大学生是很幸福的，可以全身心地学习，所以更要好好珍惜与把握。”

从一个普普通通的小工到矿上最年轻的生产班长，再到放弃煤矿的工作回到交大；从初中毕业的电焊工到助理工程师到工程师再到高级工程师，孙老师用自身的经历谱写了“世上无难事，只怕有心人”的赞歌。

（2）难以割舍的实验室情结。

孙老师还总是操心着国内高校普遍面临的“实验室设备缺乏管理”问题。由于技术要求高、待遇低导致专职管理人员的稀缺，每年各大高校因设备管理不当造成的损失都是不小的开销。

于是在2014年退休后，孙老师接受学校返聘，继续坚持在设备管理的岗位上工作了三年，受政策变动结束返聘后，应学院老师的希望继续积极帮助指导学生，协助学院管理设备。

与人交谈中的孙鸿老师

“我现在不太进实验室了，我年纪大了和他们有代沟，要让学生们多和年轻老师接触，这样年轻老师才能更好地指导。”孙老师在采访中笑着说，“我现在就当外援顾问，你们老师同学有什么问题给我打电话、发微信都行，随时提供帮助。”

党建缘，从创建到坚守

（1）立志打造先进党支部。

早期并没有材料科学与工程学院，孙鸿老师就职于金属工学教研室，后来任职于焊接工作实验室，又在生物医学专业发展初期受命去发展党支部。

最初生物医学方向包括孙老师在内只有5个党员，但他们立志“打造一支先进组织党支部”，这在当时党员基础薄弱、没有资源的情况下，确实不被人看好。但“有志者事竟成”，他们凭着一股认真、团结的冲劲做出了成绩——2008年成为校级先进党组织，至今两次被评为四川省委教育工委的先进党组织，队伍也从最开始的5人发展为后来的23人。

（2）党员无退休，责任无尽头。

即便是退休以后，孙鸿老师也时刻关注着学院的党建工作，每天坚持关注党的动态。用孙老师自己的话来说就是“工作可以退休，党员不可以，服务工作要一直进行”。他始终认为一旦成为中国共产党党员，那么只要还有一口气在，就要按党员的标准要求自己，按党的规章制度办事。

“后来贺书记和章书记接力了学院的党建工作，并花了很多精力和心思将工作不断改善，学院的党建工作发生了前所未有的变化。”谈及交大近几年党建方面的变化，孙鸿老师欣慰地说道，“十八大提出的‘从严治党’对当下以及今后的党建工作都产生很大的影响。党对党员的要求在不断提高，这也要求我们更加重视这重身份，要明白这份责任与担当，要将工作落入实处，如果每个党员都能如此，那么，无论是面对像今年疫情这样的大事，还是处理日常工作中的小事，都没有问题。”就算退休，孙老师现在依然每天要到学校、学院转一转。能和学生多交流一点，就更能懂学生的现在的思想动态，孙老师打趣地说道：“要知道后浪们每天都在看什么”。

师生缘，始终的关怀与期待

（1）学生工作守初心。

孙老师认为，好的大学必定是因为有好的老师和好的学生，学校是培养学生的地方，因此学生工作是最不可忽视的。“作为老师，除了完成自己科研、教学等本职工作，主业就应该是培养出先进、优秀的学生”，这是孙鸿老师的职业信条。因此从开始带班到退休之后，他始终心系着学生建设工作，在孙老师看来，这便是任职之本。

孙鸿老师正在接受采访

他提到，早些年间，学生是几乎没有自主择业的权力的，一次选择可能就基本固定了后半生的方向，而现在则是企业单位与学生双向选择，机会和可能性更多。但时代的变化也很快，这就要求同学们更多地去咨询了解，做出恰当的选择。他认为学生工作的重点就是关心学生的成长，督促学生进步，联络学生与企业，做好相关的调查与引导工作，协助学生找到适合自己的方向。

孙鸿老师与学生交流问题

（2）启蒙学生党员。

“入党，必须要有奋斗终生的思想准备，而不是想着‘我可以从中获得什么好处’。”针对当下学生入党所存在的问题孙鸿老师如是说道。他认为，成为党员是为了更好地自我约束，督促自己进步和实现个人价值，而非把这个身份当作未来人生的垫脚石、敲门砖。

孙鸿老师总是爱分享自己身边的见闻：无论是去年疫情期间自己去深圳出差时见到的风雨无阻、严守岗位的年轻党员；还是从前在煤矿工作时听到的那句“不是党员没有资格下矿排水”，最后十几个年轻党员在救援任务中英勇牺牲……孙鸿老师总爱向身边的人分享这些鲜活的案例。他用平和而坚定的语气告诉我们：“这就是我心目中的共产党员，加入中国共产党，不是一份荣誉，而是一份责任。”

“选择加入中国共产党就意味着和九千万党员共同去挑起民

族复兴的重担。”正是因为清楚地认识到党员这一身份所承载的责任，孙鸿老师自始至终注重落实与发展，面对学生，他乐于了解他们的喜怒哀乐，关注他们的成长，喜欢帮助指导每个有需要的学生。谈起与孙鸿老师这些年共事的经历，学院党务秘书刘晓老师由衷赞叹他处事的公道正直，严谨细致，单是他在检查党员材料时力求一字不漏的工作态度就给人留下了深刻印象。面对岗位，他敬业负责，善于规划和落实，孙鸿老师也从来不甘只做任务的完成者，而是调动所有的精力去成为一位不断发展的建设者，尽可能地发挥个人的价值，为自己的人生负责。

随着年纪的增长，孙鸿老师的身体状况渐渐不如从前，尤其是2014年退休又返聘回校后每年的医院检查报告一直都在提醒他高强度工作对健康状况的不利，不得已于2017年正式退休。

退休后的孙鸿老师也没有停下脚步，与公司企业合作的项目他都亲力亲为，负责到底。承诺下去的项目，无论遇到再大的困难，孙鸿老师都会克服——找不到厂家就多跑几个地方，设备设置有问题就亲自出差参与调试与检测，问题总能够迎刃而解。在学校，孙老师继续关心着实验室和学院党建工作的建设，指导学生老师解决设备问题，参与学院主题党课教育活动，分享自己的经验与感悟。在一次支部大会上，听完孙鸿老师主题党课分享时，学院团委书记不禁感叹：“孙鸿老师虽已近古稀之年，但退休后始终关心着学院的各项工作，小到师生的生活、学习，大到学院的重要决策建议，凡是与学生成长和学院发展相关的事情，孙老从不推拒，哪怕是在与数十名学生进行完入党谈话后，还愿神采奕奕地与本科学生进行校史分享。这是怎样一种奉献的精神！我想，他是要用他有限的生命去帮助每一位可以帮助的学生成长。”孙老师空闲时，也关注了解国家时政热点，打开“学习强国”进行学习是每天的必修课，正如他所说的“学习是一辈子的，思想觉悟需要不断提高”。

孙鸿老师在主题党课教育活动中与大学生党员作分享交流

孙鸿老师在采访中谈起对党员的理解

“工作可以退休，党员不可以，服务工作要一直进行”“加入中国共产党，不是一份荣誉，而是一份责任”，孙鸿老师用自己的一生践行着这些承诺，这缘分还在继续，这一切也都值得我们重新开始。

作者：材料科学与工程学院　郭志敏　陈煦芬　肖俊怡

晚晴乐享

交大京剧社

——校园中亮丽的风景线

镜湖边的京剧社

左起：王凤臣、何民生、周亚父、毛文义、朱茂礼、李金书、艾莉、刘世平、冯丽梅、张淑欣

风和日丽，看镜湖，荷花竞相绽放。

微风习习，树荫下，游人三三两两。

空气流通，风景如画，休闲好地方。

疫情常态，生活一如既往。

---

* 本文图片由李金书提供。

热爱国粹艺术，喜自娱自乐，自我欣赏。

丝竹声悦，引吭歌，湖边亦是票房。

交流学习，利技艺提高，有益健康。

贵在坚持，一生追求不忘。

程砚秋与恩师罗瘿公

西南交通大学京剧社历史悠久，2021年，交大125岁，交大京剧社团也已走过百余年的历程。它诞生在唐山路矿学堂，随着交通大学的十八次迁徙，几易其名——路矿学堂国剧社、唐院京剧团、毛泽东思想宣传队、交大京剧社……那远方的山，见证过交大京剧社老师们的风采；那远方的水，带着“西皮”“二黄”的韵味旋律流淌……交大京剧人自强不息、锲而不舍的努力，才得以使京剧社薪火相传……这就是交大京剧人的品格。

交大和京剧艺术的渊源深厚久远，1908年出任唐山路矿学堂（今西南交通大学）坐办的罗瘿公功不可没。他也是中国著名京剧剧作家和诗人，晚清名士，他的京剧艺术造诣极大地影响着路矿学堂一批京剧爱好者，是他让学堂京剧社团群英荟萃，有一流的角儿，有一流的装备，有一流的票友，声誉远播。交大京剧艺术厚重的历史在中国高校中首屈一指。

学生陈广沅（1917就读唐山交通大学机械工程系，1922年毕业）在《70年前在母校读书生活之回忆》中的描述绘声绘色：“我们有拉胡琴的汪德侃，唱生角的王准臣，晚饭后上自习前就在走廊上一拉一唱，倾听欣赏者大有人在。”

1929年至1937年间，每年的校庆、国庆等重大活动，京剧社均有演出，服装和道具均属上乘，吸引很多戏迷。抗战爆发，学校辗转播迁，暂时安顿在杨家滩（湖南湘乡）时，课余时间师生们搭起了简易戏台，坚持不懈，京剧社在战火中弦歌不断。

京剧社能够坚持百余年，和学校各级领导的支持密不可分。峨眉时期，校长刘圣化是资深票友，京剧社每周日下午活动，只要他有时间，就来报到。工会主席张昭在任内，大力支持京剧社活动，一路“开绿灯”。他曾说：“我们就是为你们服务的，有什么困难提出来，买什么东西告诉我。”有一段时间京剧社活动安排在工会的会议室，如果会议室没有会议，张昭就腾出办公室让大家排练。后来学校在主楼特批一个房间给京剧社做活动室。交大搬迁到成都，开始没有活动室，那时校园处处是工地，为了不间断活动，大家坚持在草地上活动。“晚晴苑”建好后，胡正民校长特批了一间活动室，从此京剧社安居乐业，有了梨园之家。每周二、四、六下午京剧社活动，大家都不缺席。一路走来，离退处的各届领导和老师们，给予京剧社无微不至的关心和支持，让各位老师大为感动，无限感激。京剧社成为交大社团中的常青树。

“脸谱京剧两百春，长城内外尽知音。”交大的戏迷也不少，有戈平老领导、阎涛老校长、王润霖老书记、胡正民老校长、王柢教授、路湛沁教授、麦倜曾教授、陈大鹏教授、李睿模教授、李万青老书记……

京剧社保存着一份很有历史感的“档案”，5册不同式样的笔记本，纸张已陈旧，老得有些掉渣。上面密密麻麻写满了1997年7月23日京剧社进驻晚晴苑后，每次参与活动的人员姓名和活动情况，到2020年9月26日，有记录的活动次数已经有4135次，吸引百余位爱好者前来参与。这个记录我们将继续做下去……

二十余载转瞬间，持之以恒不间断。

四千余次非容易，执着精神更可赞！

京剧魅力终生享，学唱交流是关键。

前辈热爱是榜样，后辈传承接好班。

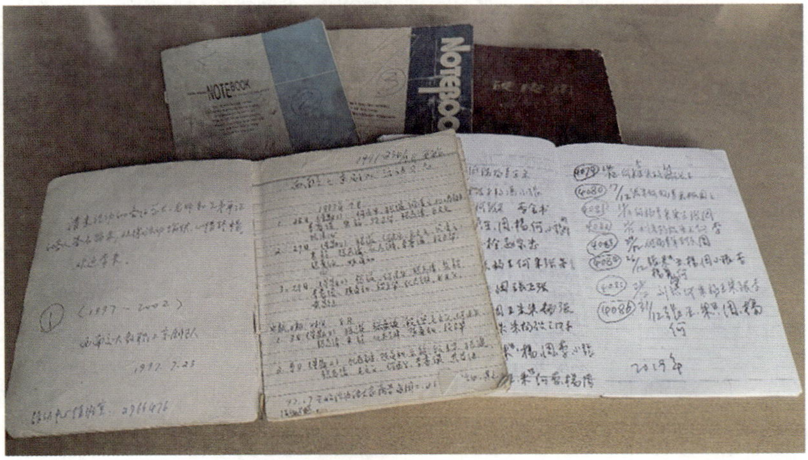

京剧社活动日志

李汶教授（1909—2002），中国著名建筑教育家，西南交通大学校徽设计者。1947年前后，李汶教授因战乱曾回家乡镇江，在那里的一所中学代课一段时间。50年后，曾在这所中学读过书的时任国务院副总理李岚清来西南交通大学视察并看望老师。1933年李汶毕业于唐山交通大学（今西南交通大学），是土木工程系建筑门第一届毕业生，毕业后终生在母校任教。他入学不久就参加了京剧社，当时男生和男生演，女生和女生演。他男扮女装演京剧旦角。他的表演很精彩，嗓音甜美、清脆，动作自然典雅，贴切动人。

朱铃教授回忆："我是1952年到学校工作的，20世纪五六十年代唐院京剧社在唐山赫赫有名。剧团很有实力，可以演成本京剧，也可以演折子戏。京剧团每周都有排练，经常有演出，有时也请唐山市里兄弟单位的京剧团来演出。胡思杜（胡适之子）是京剧团票友之一，曾在彩唱《打渔杀家》中扮演重要角色。胡思杜对京剧颇有研究，曾为北平的名票，擅长小生戏，唱得非常好。"

20世纪60年代初演出《桑园会》剧照
左王昭宇，中张庆余，右康淑雅

王凤臣教授回忆说：20世纪五六十年代唐院京剧团在唐山市极负盛名，经常在唐山市有演出活动，服装、道具、化妆等样样齐全。名角名剧有王昭宇（青衣）演过《西施》；吴明珠（花旦）彩唱过《拾玉镯》；康淑雅（老生）演过《桑园会》；张庆余（老旦）彩唱过《钓金龟》；杨景茂以丑行扮演过《望江亭》中的杨衙内；纪凤荣的行当是小生，曾出演过《四郎探母》中的杨宗保；张庆福和焦善庆唱的是花脸行当。琴师有倪志锵、马明埔等。当时京剧社成员的行当齐全，演出剧目很丰富多彩，大受校内外观众的欢迎。“文化大革命”时期学校在峨眉搞运动，京剧团改名为毛泽东思想宣传队，活动地点在老医院前面的板房里，排演过《海港》等样板戏。校子弟们也不甘落后，排演过《红灯记》等片段。“文化大革命”后恢复了传统戏的演出，毛家训演过《空城计》中的诸葛亮；张湜以老生应功演过《借东风》；毛文义（老生）彩唱过《法场换子》，等等。1988年京剧社迎来了一位外籍女老师，她来自日本，名叫乾阳子，在外语系教日语，她非常喜欢我国的京剧艺术，虽然她说起汉语来还有些吃力，但她学唱京剧的热情很高，她学唱《贵妃醉酒》《凤还巢》等，唱得有滋有味，学得有模有样。她回国时，那时适合的伴奏带很难买到，京剧社的老师还为她录制了伴奏，方便她回国后也可以继续学唱。

京剧社能够坚持下来离不开几任团长的奉献。中华人民共和国成立后，剧社的负责人有张庆余、倪志锵、毛文义、张湜、何民生等。

20世纪70年代末以来京剧社的主要伴奏老师有：倪志锵、陈忠淦、毛文义、何民生、段立华、凤凌云、张湜、刘世平、周亚父、张淑欣等。

京剧社目前五代同堂，年龄最大的93岁，最小的9岁。每当京剧社活动日，耄耋之年的先辈，有的坐轮椅来，有的由家属送来结束后再接回；年轻的老师，有的带着孩子来，居然把几岁的儿童培养成了业余演员。几位老先生很少缺席，参加活动积极性很高。他们越唱越精神，都是交大的长寿明星。一位老师有点感冒，别人劝他注意休息，他来京剧室唱了两段后说："服下京剧这服药病就会好的！"后来病果真就好了；一位老师更是有才，一生三大爱好——唱京剧、看篮球、泡大澡堂子，有人不解地问："您为什么喜欢泡大澡堂子？"老人家得意地说："澡堂子里面票友多。"

京剧社成员风采

第一排左起：朱铃、张志清、朱茂礼、张淑欣、秦为海与其子秦海耘、艾莉

第二排左起：毛文义、王凤臣、张淑欣、杨连爽、张雪、冯丽梅

第三排左起：何民生、刘世平、周亚父、李金书、杜培庆、秦海耘

2020年，因新冠疫情，京剧社的老师们按下了活动暂停键，他们按学校的要求居家防疫抗疫。在这期间，大家一边在网上学唱，一边通过微信群交流学唱体会。五月底疫情防控常态化后，他们以饱满的热情在镜湖岸边开始活动，时间定为每周四、六下午。他们戴着口罩，拿着酒精、消毒液，先做好消杀工作再拉琴唱戏。“戴着口罩唱京剧”的一组组精彩瞬间被摄影师记录下来，在朋友圈中广为流传，一不留神他们成了“校园明星”，很多老师专程到镜湖边来看京剧社“演出”。镜湖风光成为他们的舞台背景，湖上荡漾的荷叶、竞秀的荷花、飞舞的白鹭、游弋的鹂鹛，成为背景里的画中画。观众或站立或坐在地上听戏，一些戏迷称他们为疫情期间“最美京剧传唱人”。闻声而来参加剧社的新成员有冯丽梅老师、杜培庆老师、张雪老师等。

今年七月的一天，交大镜湖边，朱铃教授正在唱京剧《空城计》中“我正在城楼观山景”一段，他的声音洪亮，字正腔圆，富有艺术感染力。这时一位年轻教师走过来问张淑欣老师：“请问他是谁？多大年龄？我在学校工作五年了，今天才知道交大有人唱京剧。”张淑欣老师告诉他：“朱铃教授，今年91岁。”那位年轻老师大吃一惊，毕恭毕敬地说：“敬仰！敬仰！”张淑欣老师转身指着坐在三轮车上的张志清老师说：“这位94岁，战争年代是骑兵团团长，令敌人胆寒的老八路，转业到交大当武装部长，是远近闻名的京剧票友。”年轻教师惊诧不已，他自言自语说：“八路军骑兵团长，爱唱京剧，难以想象。”只见朱铃教授唱完一段走到琴师刘世平面前向他致谢，连声说：“您的琴拉的真好，让人唱起来很有激情。谢谢！”青年教师看到这一幕，深情款款地说：“大师风范！大师风范！”

张志清老师最喜欢的唱段是《洪羊洞》中的“洪三段”。“为国家哪何曾半日闲空，我也曾征服了塞北西东……”他唱得底气十足、声情并茂。杨家将的故事感动着他，也感动着我们大家。

王凤臣教授擅长唱现代戏《海港》中老一代码头工人马洪亮的唱段。要知道这个唱段可是“冷门”，在票友中学唱的人也不是很多。他唱出了激情和豪迈感，唱出了工人阶级胸怀祖国、放眼世界，为社会主义多做贡献的主人翁精神，不减当年曾参加这场折子戏演出时的风采。

疫情防控常态化期间在镜湖边“戴着口罩唱京剧”
何民生（左）、李金书（右）

93岁张志清老师（坐轮椅者）唱起京剧字正腔圆
左起：李金书、张志清的夫人、艾莉、周亚父、何民生、张志清
狗狗是张志清家的，经常带到剧社来，它会瞪着一双好奇的眼睛坐在那里听主人唱戏。

毛文义教授多年来活跃在交大和成都市各票房，他老生唱得非常好，但他大多数时间都热心于为票友们伴奏，他的京胡和月琴伴奏在成都市票界都是很有名气的。

朱茂礼教授善唱《清官册》中的《一轮明月早东升》，韵味很足。

何民生老师可谓我们交大京剧社的多面手。他花脸唱得好，既有高亢激越，又有迂回委婉，声音粗犷洪亮，很有阳刚之气，精气神十足。他能客串青衣、老旦，能拉胡琴，能弹月琴，还能弹三弦，同时他多年担任京剧社的负责人，热心为大家服务，票友们个人及家里的大事小情，他都热心帮忙，从不嫌麻烦。

张淑欣老师酷爱京剧艺术，听她唱戏是莫大的享受，她的唱腔美，眼睛传神。她喜欢程派和张派青衣唱腔，她唱出了程派唱腔婉转悠扬、缠绵悱恻的特点，她一开唱，现场鸦雀无声，就连二三岁的孩子也都全神贯注仰着头听。毛文义、何民生和张淑欣三位老师合作演唱《二进宫》，他们一边伴奏一边唱，珠联璧合，效果出奇的好，引来掌声阵阵。

四位女老师倾情演唱《梨花颂》
左起：冯丽梅、杜培庆、艾莉、张淑欣、刘世平

京剧社里9岁的小票友

左起：秦为海、秦海耘、李金书、朱铃、王凤臣、朱茂礼

京胡伴奏：刘世平

秦为海是我们这里“年轻”的老社员，他是我们学校的毕业生，学生时代就在我们社里活动，工作以后只要有机会他都会来社里看望老师，同时也不忘唱上几段。现在，他又把自己的儿子培养成了小票友，他带着儿子来唱戏也是我们社里的一件乐事。小家伙只有9岁，他一板一眼认真地唱着谭派名剧《定军山》选段，引来众多观众，特别是一些小朋友。

李金书、杨连爽和艾莉三位老师学习京剧的时间不算太长，可他们的痴迷程度令人折服。李老师励志博采众长，传统京剧杨派、谭派、马派和麒派的唱段他都学习；他会唱很多段：《空城计》《三家店》《淮河营》《打渔杀家》《秦琼卖马》《捉放曹》《萧何月下追韩信》；现代戏他学习了《沙家浜》《红灯记》《智取威虎山》等唱段。他是京剧社里学习最刻苦、进步最快的“三好学生”；杨老师学唱了《我们是工农子弟兵》《祖国的好山河寸土不让》《战火中炼就了英雄连队》，腔调纯正，有板有眼；艾老师倾心于梅派艺术，反复练习，在学唱中了解京剧，享受京剧。她学习

第一排左起：王凤臣、刘世平、张志清、朱铃、朱茂礼
第二排左起：杨连爽、何民生、艾莉、张淑欣、李金书

了《凤还巢》《贵妃醉酒》《苏三起解》等段。

经得起时间涤荡尊为“国粹”的京剧艺术，那一段段琴音，那一声声腔调，最能唤起人们内心那份最真、最善、最美的情怀，让今天的我们感到淳厚和深刻。西南交通大学难得有这么一个团队，执着地把京剧艺术细细品味，砥砺前行，传承发扬，继往开来。

作者：交大京剧社　何民生　张淑欣　艾　莉

耄耋趁年华　为霞尚满天

——记常季坤与靳蕃的乐享生活

“一二三，茄子！”两位老人对着镜头开心地笑了

步入常季坤老师与靳蕃教授的家，迎接我们的便是两位老人如沐春风的笑靥。虽已是耄耋之年，但二老却步履轻健，招呼着我们坐下并端来一盘盘刚洗好的水果。望着窗外波光粼粼的犀湖，两位老人向我们回忆起自己的往昔岁月。

无畏前行

生于乱世，求学于国家百废待兴之际，年轻的靳蕃教授毅然舍弃了清华大学，选择了唐山铁道学院学习轨道交通以便建设我国的交通事业，而常季坤老师也在北大医学院投身医疗事业。那一年，他们彼此还不认识，两个胸有大志的年轻人各自盛放着自己的青春。

1954年的暑假，因长江武汉段洪水，只能乘火车绕道江西向塘，从上海回校途中，两人邂逅且一见钟情。“金风玉露一相逢，便胜却人间无数。”虽是在嘈杂拥挤的火车站，两个志趣相投的年轻人很快彼此喜欢。他投身科研，但性格活泼外向，积极参加了各种学生组织，热爱运动，还曾是运动员。她在学习之余也喜欢打篮球和跳舞。“我还跟周总理和陈毅将军跳过舞呢！”常老师绘声绘色地讲着，眼中笑意盈盈，仿佛又回到了少女时期。

爱好运动的习惯一直伴随两人大半生。在退休之后，常老师参加了腰鼓队，照片上的她那时已头发斑白，但她高昂着头，神态从容且自信，脸上的笑容在鲜艳的队服映衬下愈发灿烂。而今虽已年过八旬，两人却坚持每天出门散步，一起买菜，还会定期旅游。

常季坤为西南交通大学120周年华诞所作的寿桃

谈兴正浓处，靳蕃教授抱出一本册子，上面有不少两位老人的书画作品。其中一幅寿桃娇艳欲滴，这是常季坤老师在西南交通大学120周年华诞之际献给学校的贺礼，一旁还有靳教授的题字：

“寿高两甲子，桃李遍寰球。”虽已退休多年，但二位教授仍关注交大振兴，心系国家发展。

很难想象在艺术上颇有造诣的二老其实是从退休后才进入老年大学开始学习的。常老师喜欢画画，从工笔花鸟开始一笔一笔细描，而后将大好河山泼洒在方寸纸上。再后来，她尝试将中国的水墨画与西方的油画相结合，独创出了自己的风格。二人虽是同岁，但常老师先退休，看到靳蕃教授眼中对于她诗意生活的羡慕，她笑道：“我先画着，等你也退休了咱们就一起吧。”于是靳教授在常老师的带动下重拾了自己对于书法和刻章的兴趣，慢慢也沉浸在了艺术的世界里。离退处为退休教职工搭建了许多活动平台，两位老人的退休生活变得更加丰富多彩。“千万不要害怕去尝试，就像我们都退休了才去搞这个艺术，喜欢就去做，不要害怕自己做不好。”老人一番话中蕴含的那种无所畏惧的从容发人深省。确实，很难想象已在暮年的老人仍然对世界进行无限的探索。他们去上老年大学，去环球旅行，去吃炸鸡喝饮料，用一种永远年轻的心态去拥抱这个不断变化发展的世界，仿佛自己的退休生涯不是为了颐养天年，而是放了个长假，让他们能尽情地领略人生中不一样的精彩。

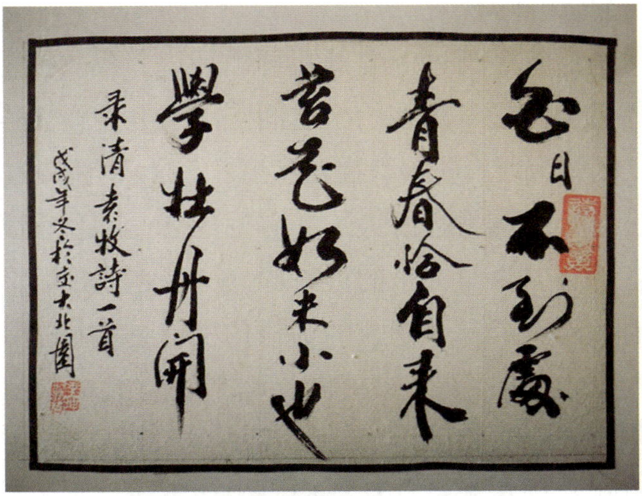

靳蕃教授的书法作品《苔》

“苔花如米小，也学牡丹开”是靳教授最喜欢的一句诗

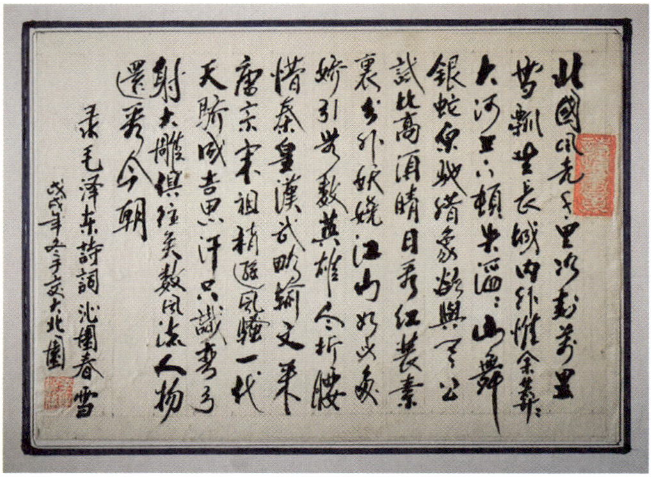

靳蕃教授的书法作品《沁园春·雪》

恬然自适

从少年时期刻苦钻研学问到如今儿孙满堂，常季坤与靳蕃两位老人携手走过风雨，遍尝酸甜苦辣。步入耄耋之年的两人在总结自己的人生哲学的时候，曾用“人生没有最优解，只求满意解”来勾勒自己的生活。千人百态仍需以善相待，万事万物不可尽善尽美，知足常乐才是至上哲学。

常季坤老师曾经画过一幅画，群山环绕，瀑布激流，泉水叮咚，云雾缥缈，青松翠柏在山峦之间点缀，几位游人在山峰之上驻足赏景、尽情闲谈。靳蕃教授题字道：“泉水响叮咚，如歌亦似琴。品幽松谷处，佳景醉游人。”那好像就是两位老人向往的生活，有山有水有健康与快乐的桃花源。“所谓安宁，不过是暴风雨时心中的宁静罢了。”诗人的话语仿佛就是在描述两位老人的心态：“结庐在人境，而无车马喧。问君何能尔，心远地自偏。”身居一隅室内，醉心书画山水，情系社会天下，老人们哪里是在寻找桃花源呢？桃花源早已在他们心中住下了，但见阡陌交错，落英缤纷。

常季坤老师所作《泉水响叮咚》

常季坤老师作《鹊荔图》以庆祝香港回归

沉浸在对于自己爱好的分享中，二老的眼中焕发出明亮的光彩，不知不觉间就已过了好久。忽而常季坤老师像是注意到了什么，站起身到厨房里端出一杯水来。“喝点水吧，你看你讲的嗓子都哑了。”她一边嗔怪着靳教授，一边把水杯揭开。“本来想让你多讲的，结果我又多讲了。”靳教授向常老师笑着。那一瞬间，是两个可爱老人的日常，是耄耋之年的浪漫。携手走过一甲子，二位老人共历风雨，却恩爱如初，一辈子都没吵过架、红过脸，互相理解、彼此扶持，这正是现代社会夫妻关系中所需要的。

打开专属于两位老人的80岁纪念册，映入眼帘的是两人在20世纪50年代照的西洋式婚纱照。“当时这种照片还并不是太流行，我们还算是前卫的。”靳蕃教授的笑中带着几分得意。纪念册上还有老人年轻时打篮球、跳舞、打腰鼓的照片。一页一页地翻过去，好像阅览了一部以两位老人为主角的电影。一张相片展现的是一瞬间，一部相册集却为我们展现了常季坤与靳蕃老人相濡以沫的大半人生。

在两位老人的八十岁纪念册上，有一页是各种大小不一、字体不同的印章。“这些章都是他刻的，咱们业余时间什么都喜欢做一点。”无论是印章还是相片，都被两位老人珍藏。“好的东西应该保存下来。”它们的意义不仅仅是存在本身，更是定格在当时的欢乐与感动中，凝结在其80多年的点滴回忆里。

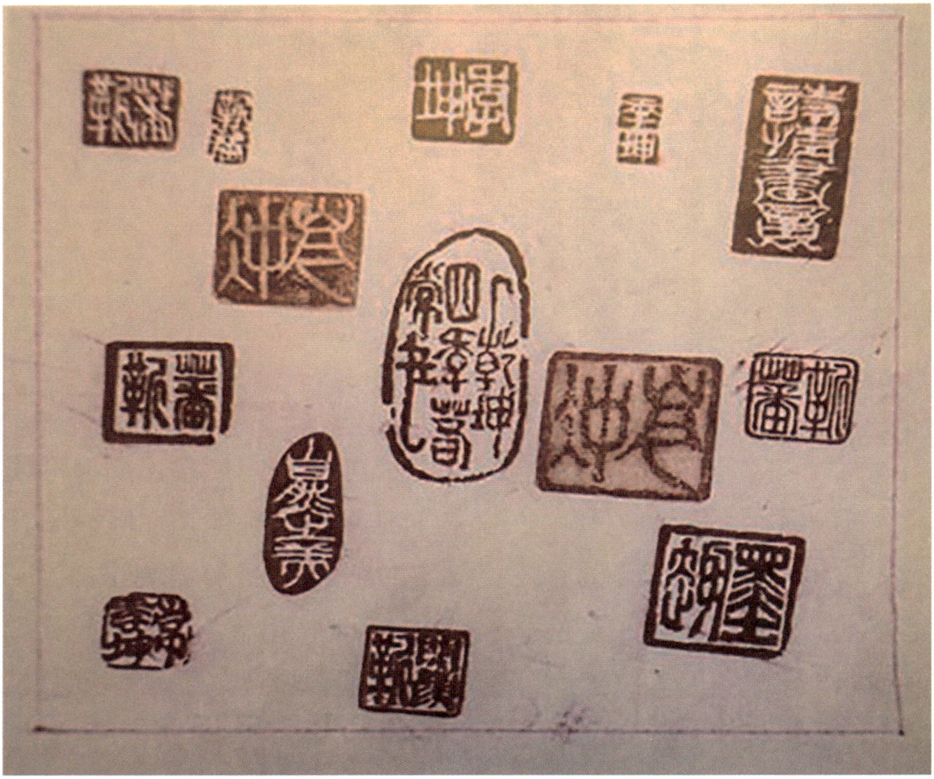

靳蕃教授亲手刻下的各式印章拓印集

“我们每天就一起写写字和画画，还经常一起去菜市场买菜，去吃肯德基，也喝喝可乐。”说着，常老师从冰箱里拿出了几瓶可乐，指着说：“这些是有糖，这些是无糖的，你们小姑娘是不是都喜欢喝无糖的呀？”讲起这些，她如数家珍。

谈起年轻人喜欢的事物，二老不禁神采飞扬。身为老师，大半生都在与年轻人打交道。便是退休了，学生们也依然和教授

计算机绘制的梅花

们保持着联系。“每年我的学生都会来看我们，到家里来聚一聚。”说到这里时两人脸上是藏不住的幸福。“今年因为疫情不得已取消了，但是没关系，今天倒是你们这些小朋友来喽！”他们一边剥着橘子一边说着，仿佛我们之间没有什么年龄的隔阂，就是围在一起畅谈人生，闲话家常的朋友而已。

“我们上学那会儿学的是俄语，后来我要到德国去学习，所以又学了德语。但是我一直对法语也很感兴趣，小姑娘，你是学法语的，如果你愿意的话可以常来，咱们共同进步嘛。”靳蕃教授爽朗地笑着。年轻时期刻苦钻研学问，到了老年仍广泛探索。虽是人生苦短，学海无涯，但泛舟其上又何尝不是一种人生自在呢！

犀湖的波光透过飘窗荡漾在木质地板上，楼下孩子们嬉闹的声音若隐若现。到了告别时分，我们提出要给二老合张影。“等我换身鲜艳衣服再照相，现在这件太灰啦！”常季坤老师听说要照相，赶紧去换了一件衣服，那神情仿佛爱美的小姑娘。“咔嚓！”两位老人坐在沙发中间，嘴角含笑，都不约而同地微微向对方倾斜。岁月或许在他们的脸上留下了些许痕迹，但是却让他们浪漫的心永远年轻。

两位老人与记者们畅谈

作者：人文学院　　刘家骥

外国语学院　黄梓璇

赤忱而来　载誉而休

——记半生卫国、半生育人的李开富

李开富，1937年4月10日出生于四川省岳池县，于1957年10月正式加入中国共产党。李老师早年主要在解放军原成都军区作通信工作，后转业至西南交通大学任职。李老师为军队通讯及部队管理方面做出了贡献，在西南交通大学的建校、统战、党建、宣传等工作中发挥了积极作用。

早上9点半，我们来到西南交通大学九里校区晚晴苑的“晚晴红色阵地”会议室，开始了对李开富老师的采访工作。

在采访过程中，李老师不仅为我们讲述了他的军旅生涯和交大生活，还与我们一起分享他退休后的晚晴时光。尽管李老师年过八旬，但依然精神抖擞，为我们动情地讲述着他的故事。

用不完的劲，使不完的力

据李老师自述，尚在学生时代的他便对中国共产党有了较深刻的印象，这也成为他入伍入党的动力。“用不完的劲，使不完的力。”李老师正是凭借着对党和人民的这份信仰，在军队通信系统分秒必争，努力当好“千里眼，顺风耳”，攻克那一场场没有硝烟的信息战。李老师特别强调，即使在那样一个艰苦的时期，党和人民也没有亏待部队官兵，始终关心和重视官兵们的生活状况，

"'上下一条心，勒紧裤腰带'，也要让解放军战士们能够安心地保卫祖国"，这是党和人民的心愿。

告别军旅生涯，李老师转业到了西南交通大学。作为资历较老的一批转业干部，李老师对我校的发展做出了积极贡献，见证了我校较长一个时期的发展变化。初到学校时，李老师任职于我校指挥部、统战部，由于之前对写作的热爱，不时为学校撰写宣传文稿，使他逐步找到了自己同西南交大的结合点，也让学校渐渐认识了这位"转业"人员的宣传潜能，而后便调任我校宣传部副部长，他的众多宣传稿件被发表在《人民日报》《光明日报》《科技日报》《中国教育报》等报刊上。"三天在报上见一次西南交大""一月在全国重点报上见一次西南交大""学校有新闻点没被报道是我的责任"是李老师工作的追求。这种对工作尽职尽责、精益求精的态度不能不让人钦佩。在西南交通大学的生活中，李老师为人和善，心态淡然，与著名院士沈志云及不少教授、学术专家、工程技术人员成了亲密好友。

当过去发生的事情以个人回忆、一言一语的形式呈现在人们面前时，它便并不如同于词条文字一般遥远漠然，而是富有感情且充满生机与活力，让人唾手可得。我们随着李老师的思路，当初那段黑白历史犹如一段画卷，在我们面前徐徐展开。人生数十载，却似白驹过隙。三十年军旅生活中，他兢兢业业为国家军队建设贡献己力；转业之后任职西南交通大学，为交大发展孜孜矻矻。先是一头扎进国防建设大业，后又是助力于高校教育，操劳了大半生。满头银发告诉人们他过往岁月里的辛劳，微弯的背下是他伏案工作的勤恳，脸上的皱纹里藏着的是一颗赤子之心。

时间像是一只无形的手，它把书页无情地一页页翻过，它使得今天变成昨天，又把昨天变成回忆。当初那个意气风发、青春年华的少年，如今也成了白发长者。

共游山水，陪伴是最长情的告白

“不弃笔，不荒脑”

“退休”，大家在面对这个词的第一反应是什么？大部分人的第一印象都会是清闲。是呀，在经历了大半辈子的辛劳后，谁不想晚年悠闲自在呢？可李老师不然。他自1997年10月从西南交通大学宣传部退休后，随即又被学校返聘，专做学校对外宣传报道工作，继续为西南交通大学发展贡献力量，犹如一把火炬发光发热，引人前行。直到2005年1月，李老师才开始全休，真正开启了退休生活。

年纪大的人好像都格外注重养生保健。但退休之后在身体保养这方面，李老师始终坚持自然为佳、人为则多的态度。“夏天每天早上6点半起床，冬天稍迟，7点左右起床，然后下楼自己锻炼活动40到50分钟，之后就回家吃早餐。”这就是李老师“全休”后早上活动的轨迹。据李老师自述，自己几十年里从未睡过懒觉，始终坚持规律作息。在饮食上，每日必吃一枚鸡蛋。除此以外并不会刻意进补，更不热衷买什么保健品。

说实话，在与李老师谈到退休后的兴趣爱好时我们挺吃惊的。谁能想到一位这样的老者喜欢的不是各类棋牌，而是电脑。退休返聘后，李老师对电脑学习更加积极，在家用电脑办公，选择电脑打稿。即使“全休”后，他还给自己定了一个“不弃笔，不脑荒”的目标：争取每年为学校写2篇小稿，为居住小区写2篇建议，坚持为自己退休后常参加的社会活动组织撰写稿子。多年以来，这个目标一直都超额达成。我们从李老师那里了解到，早在微信支付开始流行时，他就拿着手机在菜市场使用微信支付。的确，李老师在努力使自己不落后，做紧跟时代的人。

在我们表达了对李老师的钦佩时，李老师爽朗一笑，谦逊地说：“我用电脑肯定比不上你们年轻人，不像你们还可以自己处理电脑系统问题。”

对于退休之后，积极主动学习新事物的原因，我们可以从李老师所写的一篇名为《岁月无情，思维有义——我对退休生活的一点体会》的文章中知晓一二。文章中这样写道：“人们常会听到这样的话‘岁月无情’‘人老了，闲着了，就那么回事’，至于怎样过这道坎，众说不一，实际上老年人也各自都有一招，对于老者自己生活，无论怎样过都无可厚非。但是，以我个人退休生活的体会，一个重要的问题是尽量做点‘闲’事，留住记忆……”青春虽已远去，但思维却不该老去。李老师退休之后学习电脑是为保持自己思维始终活跃在线，以思维养脑。正如李老师所说的“岁月无情，思维有义”。

相较于工作时，退休后老同志多了不少个人时间。在不忘写作创作的同时，李老师把更多退休时间用在了陪伴家人上，每年春季和秋季李老师都和家人一同出去游玩。李老师与夫人一起在北京帮忙带孙辈，含饴弄孙，享受天伦之乐；他和家人骑着骆驼行进在内蒙古沙漠中感受北方风光；一起坐在海边看碧浪轻波。这些年，李老师已经和家人在中国绝大部分地方都留下了他们的足迹。

饴糖弄孙，安享天伦之乐

“赤忱而来，载誉而归。”李老师的谦逊却难掩盖其身后闪耀的荣誉之光，他既是先进分子，也是优秀党员；他将一腔热血泼洒在铮铮戎营，他把万千热诚奉献给巍巍学府。“老骥伏枥，志在千里。”纵使在退居二线以后，李老师仍然在学校宣传工作上继展拳脚，颇有成就。

采访末段，李老师谈起了自己对于学校和青年学生的看法。李老师首先肯定了学校在近年来取得的进步及获得的成就，但他强调：现如今，全国各所高校都在奋力赶拼，力争上游，我们绝不能懈怠于一时的领先。而对于我们青年学生他则表示：积极响应时代的要求，投身于时代的洪流之中才是如今我们青年人应该所思所想的。

尽管采访已逾一时，李老师仍正襟危坐，满身正气，精神不减。挺拔的身躯，朴素的外套，勾勒出了一个平凡的晚晴老人形象；他始终保持的微笑，透露出了颐养天年的安稳与自然。纵观李老一生，东隅之时：神威能奋武，儒雅更知文；桑榆之期：采菊东篱下，悠然见南山。李老努力奋进的姿态，鼓舞着我们前行；淡然豁达的纯粹，引示着我们不忘初心。

作者：公共管理与政法学院　彭浩轩　白丽琼
人文学院　李欣悦

清风出袖　明月入怀

——记刘荣汉笔下的浩然正气

创作中的刘荣汉老师

胸藏文墨虚若谷，腹有诗书气自华

整座城市都在降温，11月的太阳脆弱得如同扉页，九里的秋天温柔又清和，见到刘荣汉老师时，这种感觉便也更加强烈。与刘老师进行短暂的交谈后，令人惊讶的是，刘老师精神矍铄，步履稳健，完全不像已83岁高龄的老人。刘老师开玩笑称住处简陋，但当老师家内的文墨气息扑面而来时，我便明白“胸藏文墨虚若谷，腹有诗书气自华”的真正含义。数不胜数的书法作品堆积在房屋各处，闲时读书，静坐写字，乏时看戏，这便是刘老师退休以来的生活状态。

书法是刘老师退休以后一直坚持的事情。一谈起书法，刘老师便向我们展示了他的一些作品。“逆吾者乃吾师。能指出我的错误的，是我的老师，多么有哲理的一句话。”刘老师的声音中气十足，耐心地向我们解释字体和含义。在老师笔下，隶书、行草、正楷等各类字体跃然纸上，无论是“为善最乐”，还是“逆我者师”，都体现了他在平时生活中的态度和情趣。

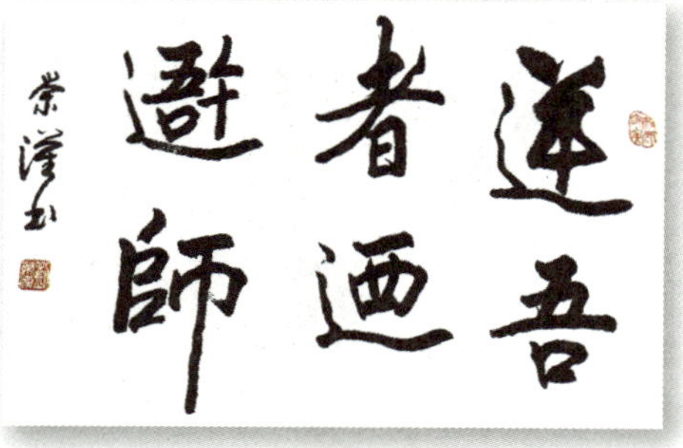

逆吾者乃吾师

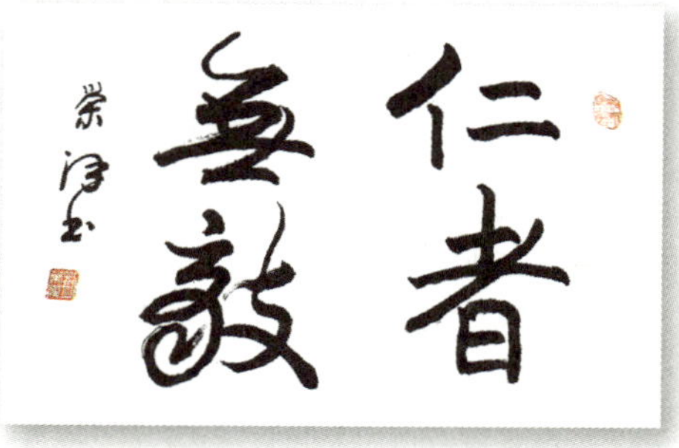

仁者无敌

刘老师荣获首届中华艺术国际书画展赛等多种书法艺术比赛奖项，荣获“国家一级艺术大师”“当代最具投资收藏价值书画名家”称号。就在这方寸之地，刘老挥毫泼墨，尽显文人的意气风采。

刘荣汉老师所获部分奖状

当午间的阳光射进房间里，铺开一张宣纸，研好一砚新墨，带着一份热情，刘老师每日的“生活必修课”便在这温暖的午后开始了。在这一抹书墨流香里，刘老师向我们介绍他练习书法的方法：“我练习书法是通过三种方式，一是自己临写，二是琢磨古代的文化与书籍，三是向他人学书法。”刘老师在书法方面造诣颇深，也收了几个在各行各业中有着相同爱好的徒弟。“其实也无所谓师徒关系，只是有着相同爱好的朋友，然后互相交流观点罢了。”刘老师解释道。在写书法，研读古书，交流心得的过程中，心中积蓄的万感便也宣泄出来，生活的琐事与烦恼也随之消散了。

说起书法对生活的影响，刘老师感叹道：“书法对我的影响很大，不仅是身体上的锻炼，还有精神上的滋养。”刘老师80余岁，身体健康，没有任何病痛，每每饱蘸浓墨，悬腕握笔，一气呵成，便是三四个小时不停歇，如此这般日日坚持，不知疲倦，身体也得到了锻炼。而写书法的同时，尤其是草书，将胸中郁结之气也尽情挥洒于纸上，达到忘我的境界，一心一意，将自己的思绪穿越千古尘埃，浸润万里文化长河，墨影流香，心灵被冲洗得一尘不染，精神愉悦也是刘老师健康快乐的原因之一。

问渠那得清如许，为有源头活水来

刘老师不但热爱书法，还喜欢在研究书法的时候去了解钻研一些古代文化，《论语》《诗经》《左传》等古典书籍刘老师都会仔细阅读研究，他认为：“别人用不到的东西，我把它用到，用这些语言去帮助一些人，我把它叫作‘以书交友，立品育人’。”退休以后恰是学识、时间、资历最充足的时候，能够为自己，为他人做一些事情。读完书，写完字，刘老师都有写心得的习惯，来记录自己的感受和想法，他在自己的书法心得中写道：“当今尧天舜日，铭佩于心，退休后在书案上临摹前贤佳作，与吾甚似耳鬓厮磨日月襄理，陈年谙练，蛰层不出，勉辞令顿，钩挥索引，虽偶有骇异之作，亦为孤雏腐鼠，何足道哉。”

刘荣汉老师部分书法作品

书房的窗台上堆满略显陈旧的笔记本，那一页页泛黄的纸张，都是刘老师思想的积淀、独一无二的财富，每一本几乎都是手写的笔记——看书时的摘录、平日心得感悟、对文学的研究……日积月累，笔耕不辍。“61岁之前，我的人生几乎被工作支配，时间上不允许我进行创作，”刘老师在谈到退休与以往最大的不同时说道：“退休以后，阅历、学识和时间都有了，那就应该做自己想做的事。”几十年间，刘老师伏案写下《论语全解》《唐诗精品赏析》《楹联选集》等作品，疫情期间，刘老师在家隔离，在深感担忧的同时，全国人民万众一心抗击疫情，使他在黑暗中窥得一丝曙光，遂成《定风波》一词。

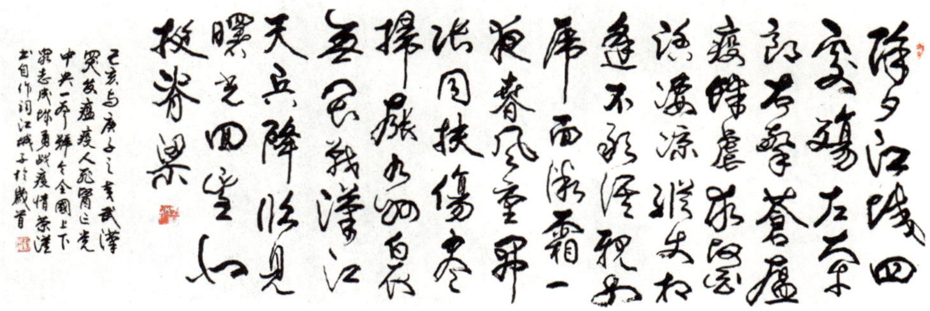

刘荣汉老师的书法作品《定风波》

刘老师认为，老师就是师范，是榜样，语言和行为都要规范，写出来的东西也一样，在工作期间他便一直重视这一点，因此渐渐地开始练习书法，从那以后几十年如一日，对书法的热爱丝毫不减，一直坚持到退休以后，倒也成了一件生活中不可或缺的事情了。

莫道桑榆晚，为霞尚满天

刘老师退休后参加了很多校内外的书法活动与比赛，“学校的活动基本上都参加过，校外的活动也会参加，各省的、全国的都有，一些老朋友看到书法展也会邀请我去”。而如今刘老师年龄越来越大，已经没有过多的精力去参加比赛和活动了，因此目前只是为学校或者单位写一些作品，有时也会赠予好友，交流感想，正如老师的心得中所写的：“有时佳朋相颂，一是求得吹毛索瘢；再是求得予惠于人；三是自臆其情。却有覃敷之意，但无邃弄之心。”

侃侃而谈的刘荣汉老师

刘老师的兴趣爱好十分广泛，除了心无旁骛钻研的书法，他平日还十分喜爱打乒乓球，以前在学校的乒乓球场地里常常能看见他的身影。刘老师已逾耄耋之年，身子骨仍十分硬朗，这离不开他良好的运动习惯。

刘老师多年前与戏曲结缘。他谈及京剧，言辞中不掩赞美之情，笑道自己对京剧情有独钟；关于川剧，刘老师也有独到的见解，他认为川剧内容并不输京剧，但人们对传承传统川剧的重视度却不够。

“其实我的退休生活很愉悦，因为有一个好老伴就胜过千军万马，”刘老师说到此处，眼神中不掩幸福与惬意，“我上午一般就看看书、看看手机，老伴每天上午把菜买回来我就帮她洗洗菜——哈哈，总不能什么都不干吧。”谈及这些年来是否有小遗憾，刘老师毫不犹豫地说自己的生活没有遗憾一说。能与妻子相伴相守，琴瑟和鸣，齐享天年，这样的细水长流的生活令人憧憬。

采访过程中，我们惊讶地注意到刘老师很熟练地使用智能手机收发微信、图片，这一下将我们印象中仿佛从历史长河走来的文人形象与现代生活的距离拉近了不少，他表示：“我每天都用手机看新闻，不会就学，这没什么大不了的。”

侃侃而谈的刘荣汉老师

岁月沉沉流走，纸张不再柔软，却留下了淡淡的墨香。书法给刘老师的退休生活带来沉静与安逸，每个字都有自己的深度，也在体现着刘老师对生命与生活的理解和诠释。

作者：公共管理与政法学院　顾棠珺　白丽琼
人文学院　李欣悦

她的笑，灿烂又醉人

——记热爱生活的顾秀英

顾秀英老师接受采访时笑得开心

那个午后，她神采奕奕地走到我们面前，像一杯香甜的桂花陈酿。醉人的酒香中迸发出的甘甜，鲜活而热烈。她的笑总能给人带来幸福。胸藏文墨虚若谷，腹有诗书气自华，她的韵致阳光典雅。与顾秀英老师的一席交谈，在心头久久留芳。

与顾老师交谈，你一定会被她的笑容感染，也一定会被她身上如年轻人一般的活力震撼，她总是在笑，身上有岁月划过留下的韵味，更有让人意想不到的青春活力。

用心走好每一段旅程

1995年，顾秀英老师迎来了她的退休生活。她并没有预想中的失落，“有的人刚刚退休会不适应，他们放不下，但我心态比较好，我自然而然地接受了它，很适应也很快乐，因为这是人生必经的过程。”在我们问及退休经历时她笑着答道。

顾老师告诉我们，她退休以后，开始积极参与老年体育协会活动，致力于广场舞等运动的推广与发展，热衷于健身球、气排球、广场舞等体育运动。“我们一起活动要有团队精神，要乐在其中，乐在天天笑一笑，要是无条件的，不要觉得在付出。”说起退休后这段经历，她兴奋得像个孩子，逗乐了在场的我们。“1998年我们

顾秀英老师参加排球与广场舞活动影像

顾秀英老师活力满满地健身

参加全国健身球大赛，经多方募捐，在多部门和许多爱心人士的支持下，解决了活动经费；1999年我们到襄樊参赛，再坐火车到武汉，那是我们玩得最开心的一次；2001年到南宁……”这一段段回忆涌上了顾老师的心头，从她的笑眼里溢了出来。她不断同我们分享着内心的喜悦，深深地感染了在座的每一个人。这一刻，她仿若一簇簇美丽的桂花，绽放在人生的清秋，绽放在生命正好时。

当你惧怕一段新的、未知的生活时，不如放松心态勇敢地面对它，尝试它，像顾老师一般，积极而乐观，用心走好每一段旅程。

要让天黑得晚一些

谈到为什么而锻炼，她又显得慎重而庄严。“锻炼是为了健康，我健康我快乐”，说到这里，她温和慈爱地笑着，“要让天黑得晚一些”。

与顾老师交谈，你能明显感受到她的妙语连珠。谈到心态问题，她有着自己的看法。“我们都要明白，人不可能不老。但我们的思想要跟上时代的变化，跟不上就是自己找痛苦。我愿与在一条思路上走的人交往，比如说跳广场舞，我们总是相互帮助，相互激励，良好的团队精神，总能让我们很好地坚持下去。”

随着年龄的增长，考虑到自己的身体条件，顾老师会选择适合自己的运动，“要对自己负责，而且做事就要做好，所以尽心尽力，量力而行”。现在的她最喜欢的事，就是与自己的“老姐妹们”一起跳舞。“我们跳坝坝舞，这很适合我们。我们经常会在网上搜索舞蹈视频，发现好的我们就会学，然后大家一起跳。我们跳民族舞，动作优美，音乐动听，到目前为止我们已经学会了100多支舞。”她自豪地说着，笑得如桂花绽放般单纯热烈。

谈到有没有什么健康的秘诀，她回答得很坚定：“一是锻炼，二是心态。”她笃定地点着头：“我有严格的生物钟，每天早上都会按时醒来。我喜欢广场舞，它可以锻炼肌肉，提高身体的灵活性；同时跳广场舞需要记动作，这又锻炼了我们大脑，让我们反应很快；其实更重要的是心态好，让自己心情愉悦是长寿的秘诀。做一些自己喜欢的事，尽管年龄限制，但我很喜欢热闹，我尽量做到让自己每天都很开心，这很好。”

能让自己每天开心，这很好。

看着你们蹦蹦跳跳，我也年轻了起来

“我们学校对老年活动很重视，我们的老年大学开设了很多丰富的课程，我们一起跳舞的老姐妹，基本上都在舞蹈班和音乐班上课。我非常喜欢生活在校园中，喜欢和你们这些年轻活力的孩子生活在一起。每天看到你们蹦蹦跳跳、活力满满，我们也跟着年轻了起来。”顾老师自退休以来，就一直生活在我们的校园中，为教育奉献了她的青春时代，也将自己的晚年托付给了这个大家庭。

此次访谈在晚晴苑的爱心驿站中进行。她热情地同我们介绍：“晚晴苑自建校就有，是专门为退休教职工设立的活动场所；而爱心驿站是2019年才建好的，我们平时总在这里聊聊天，看看电视，等等。疫情之前还会有很多的志愿者来陪我们聊天，这真的很快乐很幸福。”她放声笑着，竖起两个大拇指，开心得像个孩子。

我和她，好了二十多年喽

这次访谈，顾老师还邀请了她的好友杨阳老师，她同我们讲：“要想长久地维持一段友谊，首先要找到一个志同道合的人，我们会相互关心，身体感到不舒服，就会提醒对方吃药，但我们不会向对方倾诉负面情绪，我们总是互相激励。遇到分歧，有什么就说什么，不往心里去，说完就完了。见了面我们总是嬉皮笑脸，像‘捡了金子’。”

访谈过程中，顾老师向我们传达的最多的一个词就是“团队精神”。团队精神是大局意识、协作精神和服务精神的集中体现，

顾秀英老师和她的好友杨阳一起接受采访

更是她最坚持与信奉的词汇。“我不喜欢条条框框，玩就要玩得开心，要无条件，不要觉得自己在付出，做就要做到最好。谁都有一些小毛病，大家相互包容，相互理解，才能将事情做好，才能有所成绩。”

“姐妹们在一起，常常沉浸在欢乐中。在笑声里，迷失的人迷失了，相逢的人还会再相逢。”顾老师的笑容里一定埋藏着一坛陈年的桂花酿，岁月使她酒香醇厚，她却依然散发着青春的芬芳。

顾秀英老师与记者合影留念

作者：经济管理学院　王　悦

人文学院　　侯　蓉　李欣悦

古稀回首

——我的幸福

“幸福的家庭都是相似的。”这是俄国伟大作家列夫·托尔斯泰的名著《安娜·卡列尼娜》的起始句，也是现今中华大地奔社会主义现代化强国的欣欣气象，自然也是养育我、成就我的交大校园中离退休教职员工们的生活景象。挥手间，我的人生竟然已走过了72个春秋！回首间，感知、感悟、感动，油然而生……

天　职

西南交通大学121周年校庆大会，作为教师代表发言

人的一种幸福，莫过于成年后能够实现自己少年时代的梦想。“教师是太阳底下最光辉的职业。”这是捷克伟大的民主主义教育家约翰·阿摩司·夸美纽斯的名言。

1964年9月，我考进当时河北省最优质的唐山一中。我们这届学生是男女分班。当班主任老师问我们每个人的理想时，“作居里夫人”是不少同学的回答！而我的回答是“作一名老师”。像父亲一样做一名大学数学老师这个我心里的最高理想，当时没好意思说出口。

1968年3月，我被留校任初中老师。我人生中头一次登上了三尺讲台！其神圣、激动和自豪，无以言表。但没过几个月，我就成为唐山市第一批上山下乡的知识青年奔赴广阔天地。在玉田县茨榆林大队与贫下中农一起艰苦劳动、摸爬滚打一年后，大队安排我到村里成立的小学当老师，这是我人生中第二次登上三尺讲台。我爱村小教室中虽然是那么简陋的矮矮的讲台，我爱那些虽然是沾满泥土且调皮捣蛋但质朴纯真的孩子。他们皱着眉头、咬着笔头、眨着眼睛听我讲算术，扯着嗓门、满脸通红地跟我学唱歌和唱样板戏，疯跑着与我上体育课。放学后常有学生跑来我们知青住处，使着全身气力帮我们干自留地里的活儿。我在全公社小学上过算术观摩课。全公社小学开大会拉歌，我们茨榆林小学学生的歌声总是最嘹亮的。

1977年1月，四川大学毕业的我，回到了地处峨眉山脚下的西南交通大学，这是我人生中第三次登上了三尺讲台，实现了我少年时代憧憬的最高理想。

二十年数学教学的实践和大学教育的授业，让我愈发感知到教师这个职业，是一种对未来负责的特殊职业，因而是一种使命、一种境界，是天职！知识的传授者自身要有渊博的知识与学术造诣，智慧的启迪者与能力的培养者自身要有卓越的才智，道德的教育者自身要有高尚的人格情操。

“教师在引导学生由知识的此岸通往彼岸，人生旅途的此站到达彼站的教育中，教学方法起着船之桨的作用；在教学的相长，师生间的知识交流、感情沟通中，教学艺术起着心之桥的作用。”我从这教育学中的论点感悟到：要提高教学水平，势必深入地在教学方法的探索、教学艺术的探讨、育人艺术的探求方面下功夫。在教学方法上，我想到了做村小老师讲算术观摩课前赶回唐山请教父亲的场景。他先严肃地盯着我问：“是否认真备好每一节课？”之后他点拨了一句话：“讲数学不能平铺直叙！”再看到教育心理学中“疑者，觉悟之机也”，我感悟到启发式教学的理念和方法应用于数学教学的重要性。在数学课堂上，我着重于“启发（设疑于启发之中）—自学（答疑于自学之中）—精讲（解疑于精讲之中）—多练（质疑于多练之中）”的四环节教学法；着力于“以新入胜、以故引新、以疑解惑、纵讲横联”的教学艺术，并着意于发挥激励性的育人艺术。这样的教学改革实践，激发了学生在严谨的数学课堂上寻求知识新天地的兴趣和渴望，提高了学生主动获取和发现知识及其相应的各种能力。我有意识地抓住教学的适时环节，自然地融育人于数学教学中。如在课程的第一讲《绪论》，在讲授以数学家命名的定理时讲述该数学家的事迹和名言，在作业批改和答疑中与学生的交流，在测验和期中考试后的讲评，在最后一讲课的与学生告别……力求以我真切的情感来感发学生的心灵。

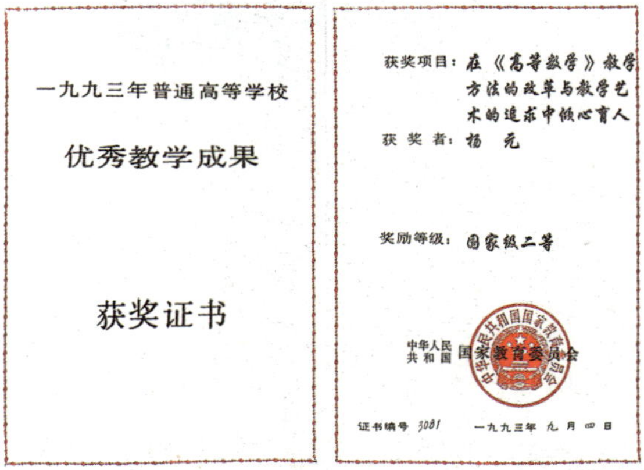
一九九三年普通高等学校

优秀教学成果

获奖证书

获奖项目：在《高等数学》教学方法的改革与教学艺术的追求中倾心育人

获奖者：杨元

奖励等级：国家级二等

中华人民共和国国家教育委员会

证书编号 3081　一九九三年九月四日

第二届普通高校优秀教学成果国家级二等奖获奖证书

在获得第二届普通高校优秀教学成果国家级二等奖的时候，在被选聘为中央电大《经济数学基础》课程主讲教师走上了央视教育频道讲台的时候，在作为全国高校教书育人先进代表登上了人民大会堂主席台的时候，我，心头充满的幸福有那遍天下的桃李，还有那被留在学生记忆中的感动。1989级一位学生在升入高年级后给我的来信中说："杨老师，您教学有方，不仅为我班学生称道，而且连我们宿舍周围8个专业的同学听了您的数学讲座课都对您赞叹不已！"在先后3个春节，我分别收到毕业1年、5年、13年的三个学生写来的不同信中几乎同样的话："我们时常想，如果社会上人人都像老师您一样高尚，那这个世界将是多么美好！"一个曾在一年级因几门考试不及格而一度对生活失去信心的学生在毕业前给我的纪念卡上写的是："杨老师，您是我遇到的……没有血缘关系而又倾心给予我关怀的真诚的良师。"1990级的同学与我告别时，送给我的记有每一个学生留言的笔记本，首页上集体写的是："数年后，当我们一大群桥梁工程师重聚母校时，我们最想说的话仍然是'杨老师，我们永远热爱您！'"……感动中，铭记的是我的恩师：当年我先后为数学系的3位大师做了4年教学辅助工作：郭可詹、黄盛清、苗邦军教授，他们博学强识的学术造诣、诲人不倦的奉献精神、襟怀坦荡的崇高品格，令我敬仰，让我受益终身。后来的系主任曾永根、书记范子亮、指导教师周贤祥3位教授，他们为数学系发展的鞠躬尽瘁，对我们年轻教师培养的殚精竭虑，鼓舞着激励着我尽责天职。

天　堂

现代职场人的一种幸福，是自己所在团队的和谐与荣光。"我心里一直在暗暗设想，如果有天堂，应该是图书馆的模样。"这是阿根廷国立图书馆馆长豪尔赫·路易斯·博尔赫斯的名言。

1996年年底，我被任命为学校图书馆馆长。当时的图书馆在国内高校中普遍被定义为教辅单位，但我还是欣然前往。因为，在我的心里有对图书馆的感知。少年时代，父亲借书曾几次带我随他到图书馆。老唐院校园里，一幢英式建筑的图书馆静静地矗立在那里，走进去我感受到的是一种静谧的神奇。在川大读书时，那许多个下午和晚上的图书馆时光，给予了我不可多得的资源和补养。因而我一直认定，学校图书馆在师生的教学学习与改革创新中至关重要。

2008年年底，我退休了。在我卸任馆长、中科院图书馆学博士高凡接任馆长的大会上，我向到会的校领导和全体馆员同胞们抒发了我的感想《图书馆——我的悟园》。

十二年来，作为馆长的感悟是，馆长其实质就是图书馆团队的第一负责人。一个团队，不论其单位的大小与人员的多少，第一负责人应该践行的就是八个字：科学发展，以人为本。馆长这个第一负责人，一是要负责图书馆科学发展的方向以及与各方的沟通交流，无私无畏地始终坚持发展这个原则、这条硬道理；二就是以人为本，也就是尽心尽责地、有担当地为图书馆的馆员们服务，调动大家的积极性，不断提高为读者服务的水平，如此才能实现图书馆的科学发展。科学发展与以人为本之间相辅相成，相得益彰。十二年来，图书馆在文献信息保障体系的规模发展、在数字化建设和服务平台与服务质量的跨越式地有效提升、在图书馆环境和设备的极大改善以及犀浦现代化新馆建成的进程中，更有我们图书馆人欣欣向荣的精神风貌！

2017年4月与原分管图书馆工作副校长张文桂、图书馆馆长高凡合影

十二年来，作为图书馆这个女同胞占了四分之三的职工小家的一员，我感受着奋进中的和谐与温暖，同时也感悟着美丽：美丽是作为女人应有的生命尊严，也是对自己的一份疼爱。我们图书馆的女同胞们，以为师生服务和为学校无私贡献的独特魅力，成了校园里的一道美丽风景。美丽是需要修养的，而读书真正是女性的一种别样风情的化妆品，“腹有诗书气自华”。美丽是需要热爱的，热爱工作，热爱团队，热爱生活，就有一种智慧和力量以及激情的美丽。美丽是需要微笑的，正如文学家雨果所言：“生命就是面对现实的微笑。”无论面对怎样的现实都能够微笑，是一种意志，一种能力，一种心态，也是一种美丽——相由心生。如果说岁月是美丽的天敌，那么微笑则会延伸动人的美丽。

2017年5月我们图书馆的“全家福”

十二年来，在图书馆这座安静的大楼里，看到每日每时每位图书馆员都在默默地无声地工作着、奉献着的时候，看到每一位正副部主任都在同心协力、无怨无悔地为图书馆的建设和发展日益操劳着、出色地工作着的时候，看到由年轻馆员成长起来的书记徐革、副馆长周从军和高凡、工会主席戴学莱都在同心同德、砥砺奋进的时候，看到图书馆被学校评为先进、被连续评为四川省优秀图书馆、获得四川省女职工先进集体和全国总工会模范职工小家殊荣的时候，我，怎么能不感动！感动着我们图书馆为师生和学校发展所做的重要贡献，感动着“图书馆的模样”和图书馆事业的教人敬畏：“当人们每一次走进图书馆，其实都是在朝拜人类文明的遗产”，而“每一次阅读，都应该是一次精神的洗礼！”为这敬畏的事业，我付出过、贡献过，享受着“问心无愧是我们唯一可靠的奖赏”。

天 泽

我们的交大，是一方扬帆追梦的热土，是一片英才辈出的沃土。这里，能够成为我的家园，是上天的恩泽。

在唐山这座北方重工业城市中坐落的国立唐山工学院，是我出生的地方；后来更名的唐山铁道学院，是我长大的地方。那一幢幢英式建筑的别样宏伟与气派，那“五老四少”的教授们和唐院人，那20世纪五六十年代的大学生们，那富有的知识、多彩的文化、高山景行的修养，在唐山当地人看来就是贵族。虽然那时唐院里，人们的物质生活也是简朴甚至是艰苦的。

1958年我们姐弟四人在唐山的合影

记得上小学时带小朋友到家里玩。之后他们说起："你家的地板比我们家的桌子都干净。"自小受过良好教育的母亲，对我们姐弟四人的管教一直十分严厉。从来都要求我们爱干净，从品德秉性到学习和习惯，从仪容礼节到人际交往，以前以为这是她作为医生的职业习惯。长大后才悟出：母亲是教育我们要做一个干净的人。我们的外公去世早，外婆是家庭妇女。我们的3个舅舅和3个姨姨的生活都是靠作为大姐的我们的母亲辛劳工作来接济和供养的，且还供大舅医科大学毕业。记忆中外婆也是一直与我们住在一起。1961年，近五十岁的母亲报考了首届唐山市第二业余医学院，成为班上最年长的学生。她的敬业和医术，在老唐院的患者中赢得了口碑。"文化大革命"初期，我们的父亲被关进了"牛棚"，是坚强的母亲，每逢休息日，拖着年迈的身躯，徒步翻山越沟去看望父亲，带去自己想方设法攒下的食物，以亲情的慰藉和温暖开导父亲，给予父亲活下去的勇气和希望。退休后的母亲，每天在家中还要收听那时刚开播的"英语广播讲座"。母亲以她的仁心果敢和终生自强进取的特质，鞭策着我们的一生。

记得上小学时路过西讲堂，听到里面传出的熟悉的抑扬顿挫的讲课声，那一准儿是我们的父亲在上课。每次父亲从课堂回到家中，我们总是看到他大汗淋漓，衣服上的粉末与汗水和在一起，无冬无夏。1958年创建数理力学系，被任命为系主任的父亲在照常投入教学的同时，还在系里繁忙的行政工作中亲力亲为。看到他常常吃不成饭就被找出去忙工作，深夜的灯光伴着他忍不住的咳嗽声常常到天明，那期间父亲患上了肺结核和高血压。"文化大革命"后期，父亲坚持"三段制"，即基础课、专业基础课、专业课结合的培养学生的教学规划，反对当时有人提出的以阶级斗争为纲的教学改革。那段时间，父亲在家也与我们谈论时事，常涉及一些历史事件和古典文学，印象最深的是他多次吟诵南宋爱国诗人陆游的诗《示儿》。当时他心情压抑，加之年老与劳累，肺病复发而咳血，回到唐山家中养病。不幸遇上大地震，与我们的母亲一同罹难……儿时从父亲那里感知的声音、汗水、灯光，到长大悟出的，是他对教学和学生的呕心沥血，对教育事业和国家的忠诚。

如今，我和3个弟弟都已经退休。我们从来不敢忘记父母生前的教诲，3个弟弟都取得了博士学位，都在各自的岗位上有所成就。3个弟弟是我心中的骄傲！每年的清明和7月28日，当我们肃穆哀悼仰望上天时，父母的教诲涌上心头：亲爱的爸爸妈妈，你们的品格榜样，你们的养育恩惠，像清溪环绕滋润着我们，像山谷怀抱呵护着我们。这陶冶灵魂的洗礼将持续、延展，不会完结，直至生命的轮回——亲爱的爸、妈：祝你们天国安康幸福！来世，我们还做你们听话、争气的儿女！

退休后参与关心下一代工作，继续延续着我对教育事业的忠诚与热爱

如今，当我走在校园里，心底总会浮现起：当年公社通知我“杨元，西南交通大学来函，调你去学校工作”的情景；1973年和1976年，学校先后推荐我和二弟上大学的情景；唐山地震的当日上午，校领导闫涛同志亲自从峨眉赶到成都亲切看望的情景；1977年我小弟考上大学后，他读书四年期间每一学期开学前，我到财务领取供他读书的学费的情景；百年校庆时，我大弟代表唐山开滦煤矿前来庆贺的情景；今年疫情中，在仁医们的保驾下，我们的二孙女出生时全家的幸福情景……感激、感动、感念、感恩，澎湃汹涌！我，一个交大古稀老人，拱手虔诚祈祷：美哉，我125年交大，与天不老！壮哉，我辉煌交大，与国无疆！

作者：原图书馆馆长　杨　元

注：

该文第三段“天泽”中部分内容和文字，摘自《唐院春秋》一文“清涓挣谷抱恩怀。”作者杨中、杨川、杨元、杨元，由杨中执笔。

轻歌曼舞点亮老年生活

——记安琳如的活力晚晴

安琳如老师与中国老体协林淑英副主席合影

伴侣相随，相濡以沫，共享天伦之乐；挚友作陪，意气相投，陪伴闲暇时光。我们总期盼拥有这样清闲无忧的老年生活，让自己忙碌了大半辈子的心慢下来，歇一歇。可也有这样的一些人，用老年时光弥补年轻的遗憾，勇敢尝试新鲜事物，在忙碌中体会人间至味。安琳如，仅仅是看到这个名字，便感到如沐清风般的畅然。在采访时，更觉人如其名。初见安老师，你很难相信，这位时尚优雅、从容爱笑、待人和蔼的女士如今已有71岁。这不禁让人感叹，岁月流逝，却仍遮不住安老师婉转的风韵。

终遇所爱，得偿所愿

少时，热爱文体活动的她加入毛泽东思想宣传队，并担任教舞员。而在当时，这样难得的文体活动，仍难以满足她心中对文体活动的渴望。时代或许留下了遗憾，却也以其他方式予以补偿。安老师这样形容自己与健身操的初遇——虽是误打误撞，幸而得偿所愿。

1995年，46岁的安琳如在路过老校区晚晴苑时，偶然了解到成都老体协准备开设健身操培训班，招募学生学习、教授并参加比赛。听到这里，她心中承载文体梦想的种子破土而出，自告奋勇去省里参加培训班。从未接触过健身操的她以兴趣为本，刻苦练习，竟在班里名列前茅。回学校后，她尽职尽责，认真教授他人所学技巧。机缘巧合，安老师就这样踏上了老年体育的道路，见证其发展的每一阶段，与其同相伴，共成长。

勇争上流，一路高歌

从财务工作者转变为健身操表演者，安老师从基础一点点地学起。当时条件不便，安老师只有不断回放录像带，一遍一遍地练习。凭借自己的勤奋刻苦习得精湛技巧，安老师吸引了负责人的注意力，并受邀成为西南交通大学木兰拳的负责人，带领教职工练习。付出努力与汗水的同时，也获得了丰厚的回报。在安老师带领下，成员们参与了众多观赏类健身操比赛和展演活动，佳

2018年四川省老年广场舞比赛裁判员合影，中间为安琳如老师

绩不断。2020年的10月23日，71岁的安老师最后一次以表演者的身份参加比赛，她带领健身球操展示队伍得到了领导嘉宾的一致赞扬，再获荣誉。

谈到健身操，安老师整个人精神了起来，眼睛闪着骄傲的光芒，笑着说："那些故事，讲一天也讲不完。"安老师详细介绍了一系列观赏类健身操，如健身球操、广场舞、健身秧歌、健身腰鼓等，尤其是健身球操。据安老师介绍，这项运动自1996年开始推广，1998年在河南荥阳举行了第一届全国健身球操比赛，西南交通大学还曾组织代表队参加。从第1套到第12套，安老师历经了整个健身球操发展历程，自始至终都坚持在第一线，称得上是四川省健身球操第一人。而最近，中国老体协正在向全国征集第13套健身球操规定套路。在上级领导的支持下，作为四川省的主创，安老师和同伴一起，从3月到6月，创编并申报了第13套规定套路，并前去江西上饶参加研讨评审。对于此次申报，安老师既带有期待，也能以平常心看待，尽力而为，尽兴而归，不愧于心。安老师说，这13套动作的变迁，不仅体现了健身球操的发展，背后更是离不开国家的大力支持，老年朋友是这些政策的直接受益者，肩负责任，也备感荣幸。

讲解健身球操的动作时，安老师如数家珍：甩打、握打、压揉。她用手不断比画着，带着开心的笑容。虽然只是几个简单的动作，却仍熟练从容。其干净利落，一点也看不出她已经退休近20年，是一位步入古稀、传统意义上的老年人。

秉承公正，坚守本心

安琳如老师作为裁判长在执裁比赛

从表演者到裁判长，安老师的文体之路走得并不容易。

考取裁判证是漫长的过程。每次培训，安老师都积极参与，认真对待，最终以四川省骨干分子的身份，满足所有的申报条件，成为四川省第一个国家级健身球操裁判员。不论何时，安老师都未曾放弃，以高标准要求自己，专注自身，刻苦学习，成功考取了健身秧歌A级裁判证，并成为健身腰鼓国家级裁判员，教练员。

安老师回忆到，在当年，这些考试需要多次参加，缴纳报名费。可现在，随着国力的提升，国家越来越重视老年体育运动，并且拨款补贴，使报考更便利。这些利民政策，让老年朋友们倍感欣慰。如今的老年体育发展态势良好。最突出的成果，莫过于如今的老年运动会，每4年一届，现已成功举办了3届，到2021年刚好是第4届。而安老师的裁判工作，又要开始了。

作为国家级裁判，安老师的生活充实且忙碌。她在众多省市级比赛中担任裁判长，并在健身球全国比赛中担任副裁判长。当我们联系安老师时，她正担任中国老体协健身球比赛网上视频比赛的评审，位列全国五个裁判之一。而在不久前，她还担任了四川省健身秧歌比赛和四川省广场健身舞比赛的裁判长。安老师的能力与责任，由此可见一斑。

作为裁判，最看重的莫过于比赛的公平正义。安老师作为裁判长，更是如此。在面对不公正现象时，她总是严词禁止。她始终以竞赛规则作为评判依据，不以他人一言之词断定。安老师认为，荣誉与名次固然重要，但过度追捧，不利于老年朋友们的心理。体育活动，重在参与，享受过程，但凡经历，必有收获。她也尽自己所能，积极引导老年朋友树立正确体育观。

安老师将自己的一腔热忱投入了老年体育，也从中获得了友谊。安老师的直率公正，真诚热情，让她结交了不少四川省乃至全国的老年朋友，与他们的交往让她觉得很欣慰，活得值得。

诲人不倦，魅力满堂

作为老年体育的推广者，安老师以自身的实际行动，充分展现了老年体育的魅力。身边的朋友也在她的带动下，开始尝试体育活动，也取得了一些成绩。

安琳如老师在对比赛进行点评

安老师不仅积极投身老年体育的宣传推广工作，也致力于搭建平台，让四川省的优秀队伍走向全国，选贤举能。在推广中，安老师本着志愿服务的精神，免费帮助他人，进行教学。“干我们这行的人，必须要有奉献精神。”安老师如是说。在天回镇街道教学时，她从队伍实际水平出发，积极推荐她们到更高的舞台，展示自己，勇争上游。“我就是这样的人，看到有谁好，就巴不得把人家推上去，那就是尽我的能力。”安老师就是这样，一直坚持推广老年体育的本心，从未改变。

安老师的朋友们看着她整天忙忙碌碌，都觉得难以理解。老年人，不是应颐养天年，安享晚福吗？然而，安老师行程总是满满当当，连朋友见面都要提前“预约”。她的老同学们总是问她，“安琳如，你疯了呀？好久和我们去打牌呦？你不是喜欢吗？”本来，上个月安老师就和朋友们约了聚会，可前两天老体协突然有一个广场舞的培训，邀请安老师前去指导。将工作放在第一位的她不得不推掉聚会。她说：“工作最重要，打牌算啥嘛！”安老师的同学们都说她“疯子一样”，退休之后还是忙忙碌碌，对此，安老师只是笑着说：“疯就疯吧，都疯了这么多年了。”

也正是因为在老年体育中投入了过多的时间精力，安老师并没有充足的时间陪伴家人朋友，享受退休生活，甚至因不认识孙女，闹出过笑话。但不管工作有多忙，家人一直都在她的心中，一直都是安老师的骄傲。11岁的孙女擅长游泳，小小年纪就成了四川省储备人才。她的儿子也是游泳裁判员，一家人都有出色的运动细胞。

说起别的爱好，安老师笑着告诉我们，麻将也是她的最爱。“打起麻将来高兴得很。”相比起所谓小钱，安老师更看重的，是友情。“朋友们怎么不愿意来呀，到我这儿打麻将还管饭呢。”不仅玩得开心，更是增进了情谊。

今年，安老师已经71岁了。她承认，自己的精力体力都有所下降，“已经不太跳得动了”。今年赛季快结束了，安老师也可以歇

安琳如老师接受记者采访

一歇了。安老师说，可能明年就会有计划地慢慢淡出。但安老师并不因退出而沮丧。她说，新时代属于年轻人，而她所能做的，便是全力给予帮助，推荐他们迈向更高的平台，接替重任。

人生不过是午后到黄昏的距离，茶凉言尽，月上柳梢。本是走到茶凉之时，却仍与朋友共赏明月，相谈甚欢，又哪里会觉得孤寂呢？安琳如老师，轻歌燕舞点亮老年生活。人生有所爱，有所期待，内心自是一片澄清而有力量的海，我们最向往的老年生活莫过于如此吧。

作者：外国语学院　杨紫晴　李秋韵

人文学院　　李欣悦

雅西行

去岁冬，携家人自驾游雅安、邛崃、西昌市等地，所历革命遗址，历史遗迹颇多，虽为旅游，所受启迪、教育亦颇深。

百丈关，在雅安市所属之名山区，为成都平原与川西横断山脉交汇处之雄关，地势极为险要，自古有“得百丈者必得成都”之语。1935年，红四方面军与国民党重兵集团在此激战，是为著名的“百丈关战役”。现今百丈镇建有“百丈关战役纪念碑”，为纪念百丈关战役而修建的“红军百丈关纪念馆”则坐落于蒙顶山之巅（该处原为天竺院旧址，是红军百丈关战役指挥部所在地）。馆内

游历山川，品味古今

陈列了大量史料以反映百丈关战役的情况，还有邓小平、徐向前、刘伯承、张爱萍等红军将领的题词。1935年，中央红军翻越夹金山、在懋功与红四方面军会师后，张国焘拒不执行中共中央“北上抗日”的方针，率红四方面军南下。于1935年10月发绥、崇、丹、懋战，由甘孜州向成都平原方向发动大规模进攻，在百丈关与拥有88个团的国民党部队激战18昼夜，共歼敌4万多人。红四方面军损失惨重，总兵力由8万人减至4万人，被迫向川西北地区撤退，张国焘的“南下”战略失败。百丈关战役虽因张国焘战略错误而失败，但广大红军指战员浴血苦战、不畏牺牲的革命精神却值得我们永远铭记。

红军先烈永铸丰碑

邛崃市，古称临邛，秦惠文王时建城，至今已2300余年。其地物产丰富，更兼有铁矿、天然气之利，经济甚为发达，为四川最早的四大古城之一，自古有“天府南来第一州”的美誉。西汉时，临邛冶铁商卓王孙家室巨富，拥有良田千顷、华堂绮院、高车驷马。其女卓文君姿色娇美，精通音律，尤善弹琴、赋诗，卓有文名，为

水天一色　月城西昌

中国古代四大才女之一。其时蜀中才子司马相如，赋工辞赋，其作品结构宏大，辞藻华丽。汉代最重要的文学样式是赋，且有邹阳、枚乘、庄忌等名家，而司马相如尤为其中翘楚，是最具代表性的汉赋大家，在中国文化史和文学史上具有崇高的地位。司马迁在《史记》中专为文学家立传的只有2篇，一为《屈原、贾生列传》，叙屈原、贾谊生平及文学成就，二为《司马相如列传》，收其赋3篇、散文4篇，可见司马相如在司马迁心中的重要地位。鲁迅先生在《汉文学史纲》中评说："汉武时文人，词莫若司马相如，文莫若司马迁。"也给予了极高的评价。司马相如不但文名卓著，且少有大志。少时贫困，初入长安时，曾立誓曰："不乘驷马高车，不过汝下。"（成都驷马桥因此得名）。后汉武帝任司马相如为中郎将，持节出使，司马相如返回成都，开发零关道，平定西南夷，为开发西南边疆和少数民族地区做出了贡献。而卓文君放弃富豪之家，追求尚在贫困之中的司马相如，敢于抛头露面，当垆卖酒，其不拘于封建礼教的束缚，追求自由、幸福的爱情婚姻，更成为流传千古的文坛佳话。

古之南中，大致为今四川西昌市向南及贵州、云南之大部。蜀汉之时，南中设越巂、牂牁、益州、永昌四郡，称之为“南中四郡”，居住有大量少数民族，经济文化发展均较落后。刘备出征东吴失败后，南中四郡在东吴的煽动、挑拨之下，除永昌郡之外的三郡均发动叛乱。当蜀汉东败于吴，刘备新逝，且南中又叛，蜀汉陷入极为困难的局面。蜀汉建兴之年，丞相诸葛亮发兵南征，以期平定南中之乱。当其时，诸葛亮采取“攻心为上，攻城为下，心战为上，兵战为下”的策略方针。据《三国志》裴松之注引《汉晋春秋》，对其首领孟获“七擒七纵”而“南人不复反矣”。同时。诸葛亮将先进的农业、手工业技术引入南中，开发南中经济，使南中经济得到了比较快的发展，也给蜀汉政府增加了大量收入，“军资所出，国以富饶”。诸葛亮南征，“五月渡泸，深入不毛”，虽是军事行动，由于采取了团结少数民族的正确方针，对开发西南少数民族地区经济做出了卓越的贡献。

工作中的李开弟

雅西之行，所游历之革命遗址，足见革命先辈百战创业的艰辛历程，亦激励我辈不忘先烈，不忘初心。而游历之历史遗迹亦可见中华文化之源远流长，博大精深，传承中华民族文化，我辈亦有责焉。

人云，旅游者，在“诗与远方”，故有所作，今选其三。

百丈关

夹金雪山从头越，会师桥头军阵列。
最是先辈鏖战处，百丈关头旗如血。

邛崃游

文君当垆思邛崃，相如驷马归旧都。
最喜鹤鸣深山里，原是红尘不到处。

南中行

五月渡泸入不毛，七擒七纵亦英豪。
今日驱车南中路，犹忆丞相旧时劳。

作者：机关退休教师　李开弟

鲜衣怒马　笑看人生

——记谢荣光的悠然晚晴

自卫反击战中担任通讯兵的谢荣光老师

老当益壮，意气风发仍年轻

乘电梯到达谢荣光老师所在的楼层，还没等按门铃，发现谢老师早已暖心地留了门。还未敲门，谢老师便出门相迎，笑着招呼我们坐下并给我们递上水果，像极了家中和蔼可亲的长辈，让我们倍感亲切。

说明来意后，谢荣光老师热情地邀请我们在客厅的沙发坐下，虽然沙发是最适合现代人们“葛优瘫”的地方，但是谢老师却是身板笔直、双手搭于双膝之上，仿佛坐在行军板凳上。在仅有十几度的11月，我们穿着外套和衬衣，而谢老师仅穿了一件薄短袖，他笑着向我们说道：“我在冬天从未穿过毛衣，要是冷了就加一件外套。”这种比年轻人还强的“火力”不禁令人赞叹。虽然已逾七十，谢老师却依旧身形挺拔，双眼炯炯有神，与我们谈话时一直面带笑容，讲起话来也中气十足，让人感受到谢老师身上独具的旷达而豪迈的气质。

谢荣光老师正站在船上拍摄掠过水面的鸥鸟

炎炎夏日，畅饮开怀

自律充实，军人本色仍不改

谈起退休后的生活，谢老师向我们介绍了他的作息安排：每天6点起床，然后开启每日晨练时间。“每天就在学校里跑步7千米，再徒步7千米，我现在的体力比在职的时候还要好呢，而且现在的体质可能好多年轻人都比不过。”谢老师说起这点，透露着十足的自信，并向我们展示了手环中今天运动18千米的记录。这样的坚持与自律，在外人看来是一件颇有挑战的事，但是谢老师却不需费力坚持，因为他早已将自律刻进骨子里，无论何时都保持着积极进取的生活态度。谢老师还向我们介绍起他在楼顶种的小菜园，“没事的时候就去种些小菜，感觉这样的生活非常轻松自在，这也算是对身体的锻炼”。

除了日常自律的生活外，谢老师也积极参加学校开展的各类活动，忙得不亦乐乎。提起前不久学校组织的“乐龄健身走”，谢老师更是笑着表示：“那是肯定要去的！”曾经的军旅生涯不仅给谢老师的人生留下了光辉的印记，更让谢老师收获了真挚的战友之情。退休后的谢老师也时常与朋友们相聚，“我的战友遍布全国各地，那种感情是极其真挚的，所以现在也一直保持着很深厚的感情”。

退休后的谢老师并没有完全“闲”下来，现在还担任着我校退休4支部书记一职。“本来都不想担任了，但是大家信任我，愿意让我担任，我也就没有推辞，作为组织上的联络员，不仅能帮同志们组织活动，也能帮助他们向组织反映问题，感觉这样的生活也还是很充实。”

武能打仗，文能吟诗

在平日的生活中，谢老师不仅注重身体的锻炼，还会有针对性地锻炼自己的脑力。谢老师非常热爱古代文学，“我可以在不用提示诗歌名称的情况下，背诵1000多首唐诗以及两三百首宋

站在葡萄架之下，意气风发

词，像《滕王阁序》《出师表》《祭十二郎文》这些经典古代文章，我都能全文背诵。平时我也特别喜欢看《诗词大会》，里面的大部分题目我都能答出来”。谈起古代文学时，谢老师兴致昂扬，豪迈而自信。

乐观豁达，悠闲平和享人生

谢荣光老师曾是自卫反击战中的战士

谢老师1969年便加入了中国人民解放军，从军二十四载，其中有10年多的时间都奋战在对越自卫反击战的前线。而谢老师所在的团，是自抗美援朝战争结束后全国唯一一个立过一等功的团，谢老师在十年作战生涯中多次立功，曾受到江泽民同志的接见。谈起军旅生涯中的光辉岁月，谢老师深深怀念又心怀感慨：“当年作战时很苦啊，现在好多年轻人喊苦喊累，但要比起我们当年真的是九牛一毛。但是不管在什么阶段我都不会去感到焦虑，做人要有‘三得’——要吃得苦、受得气、让得人，对于生活要有一个乐观的心态，不必与别人起争执，更不必让自己不快乐。以前打仗遇到问题时，我也会给同志们说：‘不必因为现在的困难而着急，只要做好我们应该做的事情，定会功夫不负有心人，得到想要的收获。’”这种对于生活中困难的态度，让我们也备受鼓舞，心中对谢老师更加佩服。

也正是因为年轻时在战争中承受过常人无法想象的苦难，谢老师锻造了面对任何难事时平和豁达的心性，因此现在的他对于退休后的生活依然保持着乐观积极的心态。谢老师说起退休后的心态，向我们解释起了他的人生幸福观——心情愉悦、身体健康，第一是不给国家添负担，国家资源本来紧缺，只希望让国家的医疗保险系统造福其他更多人民；第二是不给组织添负担，我是农民的儿子，这辈子的生活也都是组织给予我的，我很感恩，也一直关注着国家各种大事，所以也不希望给组织增添麻烦；第三也是不给子女添负担，子女在外工作辛苦，自己出现健康问题也是对子女的困扰，更重要的也是不给自己添负担，这样我自己也能够活得轻松开心。

挥别过往，退休亦是新生活

“退休后的闲与在职时的忙是截然不同的。”退休后，谢老师不再需要安排繁重的工作，也不再是肩负使命的领导，曾经的光荣都已成为过往。也许换作其他人，心中难免会产生落差感，也会因此而不适应退休后的生活。但谢老师却说：“很多人都说退休之后不适应，但我从来没有这种感觉，我觉得退休后的生活并没有什么不同。从退休那天起，我就感觉一切都很顺畅，没什么不适应的。以前在职的时候很忙，真正地享受人生，就是从退休那一刻开始。”

“世界这么大，和妻子一起去看看。”退休后的谢老师不再忙于工作，便开始了四处游玩，享受自然的美好时光。与普通游客具有明确的目的性不同，谢老师是“哪里好要去哪里”，去曾经工作的地方看看战友，抑或是去未曾去过的地方，探索新的风景。而在这样的心态之下，谢老师游遍了祖国的大好河山，在自然美景中感受着生命的美好，也曾在欧洲、印度、东南亚等各个国家游玩，探

异域风情

丈量大漠

索异域不一样的美景。

而与我们聊起家庭生活时，谢老师不无骄傲地说起自己女儿的优秀，“她结束学业之后原本准备在上海工作，这样的话一家三口就分居两地。之后在我的建议下还是决定回到成都工作，于是我们一家人都团聚在一块了。”说起女儿的谢老师带着与之前不一样的温情，此时我们看见的是一位对子女充满柔情的父亲，而退休后的谢老师能够和一家人一起生活，不必再因为家人分居两地而心怀思念，我们也为此感到欣慰。

生活轮转七十载，曾经的功勋与荣光被暂时封存，不再在枪林弹雨中奔走，也不必终日周旋于大小事务与工作中，退休后的谢老师开始享受他崭新而美满的人生。流转的是岁月，改变的是容貌，未曾改变的是谢老师始终坚守的乐观豁达的人生态度与生活状态。

碧水蓝天，自在洒脱

正所谓：

武能带兵打仗，文能诵诗两千。

在职时恪尽职守，退休后乐享生活。

军旅生涯锻造钢铁意志，豁达本性铸就自在人生！

作者：外国语学院　金子瑶
数学学院　曾　琳
人文学院　李欣悦

面向阳光　肆意前行

——记谢成枢的诗意之旅

笑如春风，和蔼可亲，是谢成枢老师给我的第一感受。而这一感觉，产生于正式采访前的那通电话——谢老师一边哈哈笑着，一边说：“同学，你们定时间地点嘛！你看你们在哪里方便，我去找你们，你们说了算！我是怎么都方便的嘛！”本来说谢老师上了年纪，是长者，应该我们做晚辈的去找他。可拗不过谢成枢老师，终是他亲自驾车来我们所在的校区接受采访。受访者跑来找记者，哪有这般道理！

如孩童一般阳光灿烂

如孩童一般阳光灿烂，是谢成枢老师给我的第二感受。采访的当日，谢老师看到我们后，相隔很远就开始把手举过头顶，向我们不停地招手。几百米的距离，也依然无法模糊谢老师脸上荡漾的那一抹灿烂的笑意——好似当日清晨的阳光般明媚，暖洋洋的。我们不由得加快步伐，却听谢老师向我们喊：“孩子孩子，可别急可别急，小心点，看车啊！”伴随这句话的，还是电话里听到的那阵阵明媚的笑。现在回想起来，让我凭借第一感觉认出谢成枢老师的，必定是这笑声了！

谢成枢老师出生于1952年，但这精神面貌、硬朗的体格，还有这一身装扮——蓝白条衬衫、墨蓝色帽衫、斜跨帆布包，让他显示出年轻的活力，而出卖他年龄的，恐怕只有那一头银发了！

围坐在犀湖畔的圆桌，我们开始走进谢成枢老师的世界。

被问及年轻时的插队故事，谢老师的回忆如江水般涌现，滔滔不绝。他回忆道，当时的社会条件不如现在，没读几年书，便在1969年下乡插队，倒是把初中的学业荒废了。但在谢成枢老师的心里，比起惋惜，他的感激之情却来得更加浓烈："是插队让我切身体会到了咱们农村的苦。那是真磨炼人！当年农村的条件是真的艰苦啊……"也正是这段宝贵的经历，让他懂得了吃苦，学会了脚踏实地，并将心扎根在了农村。

提及1984年志愿加入中国共产党的原因，谢成枢老师坦然道，是插队的经历，让他感受到了农村的苦。所以，"帮助咱们农村百姓过上好日子"，成了谢成枢老师加入中国共产党的动因之一。直到现在，他还是会经常到农村看看，心系当地百姓。"农村是真的需要你们这样的知识分子。尤其是那些本专业就与农村相关的，一定要回到农村，积极投身农村建设。现在的农村跟我们那时相比，是真的发生了翻天覆地的变化。老百姓最基本的温饱问题解决了，但这远远不够。如何让他们不仅仅停留在物质层面的满足，更有精神层面的富足，提高他们的生活质量，仍然是任重道远的事情。这值得我们——尤其是你们这群年轻人，继续为之努力的事情啊！"提及此话题，谢老师的表情不再有笑意，取而代之的，是紧锁的眉头、微抿的嘴角，眼神中写满了对中国数以亿计农村百姓的惦念以及对我们这群年轻人的深切期许。

"文化大革命"、插队……当时社会的动荡的确让谢成枢老师耽误了学业。但也正如谢老师所说的那般：社会才是最好的课堂。两年的插队经历带给他的，是这一生都无法在课堂，抑或是在书本中获得的、弥足珍贵的回忆与感悟。其影响好似春雨般，润物细无声，且一直与他相伴。

1971年，插队结束，谢成枢老师来到四川资阳内燃机车厂工作。

年轻时的谢成枢老师在机车厂工作时的留影。尽管当时生活还比较艰难，但他依旧保持着阳光的心态

因为交大的点滴变化而牵动情绪

1980年，谢成枢老师来到西南交通大学任职，自此开始了他与西南交通大学的不解之缘。谢老师曾先后在西南交通大学成都分部党委办公室、西南交通大学校长办公室、党委宣传部、发展规划处等部门工作，先后有十余篇论文在有关理论刊物上发表，为学校的建设与发展贡献力量。2013年3月，谢老师离开工作岗位，开启了

退休生活。

33年的工作经历让谢成枢老师与西南交通大学之间建立了深厚的感情。那是一条无形的纽带，谢老师虽已离开交大工作岗位，心却永远深埋于交大之中，牵挂着交大的点滴。

如今，谢成枢老师担任退休第一党支部书记。我原本以为，一群退休后的老人聚在一起，想必是喝喝茶、下下棋、溜溜鸟。可是，在谢成枢老师带领下的退休第一党支部，却是常聚在一起学习、探讨、了解国家最新方针政策，分享社会热点新闻……当然，更多的还是关注西南交通大学的发展状况，因为交大的点滴变化，都会牵动他们的心绪。“我们这群老同志虽然退休了，心却留在了交大。我们通过各种渠道了解交大的发展状况，时刻关注着学校发展。交大发展得好，我们跟着高兴，打心底里骄傲；交大若是受挫了，遇到了什么发展瓶颈，哎哟，我们是真的跟着着急啊，聚在一块一起七嘴八舌地讨论、想办法啊！”

谢成枢老师的摄影作品，作品中有交大图书馆和美丽的霞光，这些都是谢老师心中美好的景物

另一幅诗意画卷

当然，除去工作，谢成枢老师退休后的休闲娱乐生活也是丰富多彩的，他把人生过成了另一幅诗意画卷。

刚刚退休，从忙碌的工作生活中一下子脱离出来，变得清闲了，很多人会一下子难以适应这种变化。但是谢老并没有。

“人一定要端得起，放得下。人都已经退休了，就不要再留恋在那个位置时所享受的荣光了。人不能永远活在过去的荣誉之中啊！终归是要向前看的，是要活在当下的。而在这条前进的路上，我们需要放下包袱，脚踏实地，轻装上阵。只有甩开自己的包袱，才能活得阳光、快乐、洒脱。”

退休后的谢老师依旧保持着对生活的热爱以及对学习的热情。退休后的生活比任职时轻松不少，这也给了他很多时间去做更多自己喜欢的、有意义的事情。朋友送了谢老师一个相机当作退休礼物，于是他开始自学摄影，并喜欢上了摄影。平时不管去哪儿，谢老师都带着相机，随时准备拍上一拍。相机就像是一个朋友，时刻陪伴在他的左右，给他平淡的生活点缀出美丽的色彩。

除了摄影，谢老师平时还喜欢读书看报，甚至还自学英语。就像是那句俗语“活到老，学到老”。他也一直如此，始终保持一颗积极向上的心，就像是温暖的春风，在不知不觉中也会感染其他人。

“您平常有什么娱乐活动嘛？比如下棋啊打牌啊？”

“自驾游！我不爱坐着，喜欢到处走，看看咱们祖国的大好河山！”

听到这个答案，我是真的大吃一惊。自驾游这种事情，不都是小年轻的爱好嘛！

“自驾游啊！您真的是太帅了！”

在每一个地方，谢成枢老师都会留下他的如春风般的笑容和他自己的记忆

也是，能来一场说走就走的旅行，应该是任何一个人都会有的梦想，从来不应该被束缚在某一群体之中。在退休后，谢成枢老师经常和朋友一起出去自驾游。在分享自己自驾游的所见、所闻、所感时，谢成枢老师十分激动，眼里闪烁着兴奋的光芒，言语间藏不住的，是他发自内心的幸福感。谢成枢老师说，每次出发前，他都会跟自己的一群伙伴进行分工，谁负责路线酒店，谁负责记账，谁负责准备东西……大家各司其职。而谢老的任务，就是负责开车。他还谈到他们最近一次自驾游的经历，就是去重走乐西抗战公路，并与我们分享了这条公路的背后藏着的那段厚重的历史。

“在旅游的过程中，要了解它的意义，才能体会到其中的美和愉悦。”

谢老师一边笑，一边说，我从这些平常事情感受到了别样的温情。谢老师还说，自驾游是一件特别有意思的事情，他曾自驾回到了50年前下乡插队时的攀枝花农村，看望当年的生产队长和乡亲。谢老师在感叹生活变化之大的同时，也在回忆中向过去的自己进行问候。

从无字句处读书

退休前的生活忙里偷闲，退休后的生活闲里寻忙。前半生的风风雨雨，才造就了现在的谢成枢老师。

谢老师每每回想以前，总是万般感叹。过去的经历是一份需要挖掘的宝藏，退休后的生活就像是摇晃后的沙漏，起起伏伏之后就是缓慢沉淀的过程。将前半生的宝贵经历慢慢消化吸收，和学生聊天，给孩子们提供经验，便是极其有意思的事情。

问及对我们交大学子的嘱托，谢成枢老师一再强调："同学们一定要重实践，不仅要学好课堂上、书本上的知识，更要利用一切机会到实践中去磨炼。年轻人嘛，就要敢于尝试，勇于试错！你们现在处于一个发展得这么好的环境，一定要好好珍惜！千万要懂得抓住机会！"

一个半小时的时间，与其说是采访，我更愿意将它描述成与谢成枢老师的一次茶余饭后的闲谈——无比的随性、惬意，却又充满深度、温度，让我受益匪浅。

"从无字句处读书。"现在回想起来，用这句话来概括谢成枢老师一生的经历，再贴切不过了。年轻时下乡插队，退休后游遍大好河山。谢成枢老师用脚步丈量世界之广度，用心灵感受人间之温度。而收获到的，是相伴一生的深度——在书本之外，将自己置身于社会这个天然的大课堂，丰富自己的精神世界。

社会是最好的课堂。退休后的谢成枢老师仍未停止前进的脚步，用脚步丈量土地，用心灵感受冷暖，用镜头记录温度

作者：人文学院　周婧琳　沈巧林　李欣悦

发挥余热倾力奉献　乐享晚晴美好生活

永怀爱校荣校的一颗赤诚之心

我于2015年3月退休，到现在已经5年多了，回想起40多年前从川大毕业后来校工作的那一天，仿佛就在昨天，5年多来，我始终关心着学校、学院的各项发展，时常为学校的排名浮动而牵动内心，也为学校最新的“双一流”动态而自豪。也是由于这份不舍让

组织参加学校庆祝中华人民共和国成立70周年师生合唱

我即使退休也一直力所能及地为学校工会教工合唱团、学院的各方面工作和离退休处需要的时候做出自己的贡献，发挥余热。

我担任学校工会合唱团负责人长达20多年，就是退休后还一直在坚持，直至2019年。坚持组织每周一次的合唱练习，组织参加了包括学校120周年校庆演出等在内的多种合唱演出活动，每一次组织演出活动从歌曲练习到彩排到演出结束，都有很多繁杂细致的工作，之所以一直坚持，当然是为了对合唱的这份热爱，也是一份责任和担当，在优美的音乐旋律中放声歌唱伟大的祖国，讴歌这伟大的新时代，是对祖国、对学校热爱的最好表达。

除此之外，我还多次参加离退处组织的各项演出活动，包括参加学校120周年校庆的入场式扭秧歌表演；组织参加学校“壮丽70年奋斗新时代”庆祝中华人民共和国成立70周年师生合唱比赛，并荣获一等奖和最佳组织奖；也曾在2019年作为离退休教师

参加学校2019年新春团拜会演出后留念

参加重阳节活动演出

代表，参加了学校国庆70周年升旗仪式演出，倾情演唱“我和我的祖国”。在离退休处的大力支持下，正在筹建学校退休人是“晚晴”合唱团。

作为学院退休支部委员，我一直积极参与学院组织的各项退休教职工活动，并主动关心学院退休教职工的退休生活和身心健康，不因退休而使得工作停滞或懈怠。如退休后仍代表学院去合肥探视异地安置的老教授，帮助协调解决学院老同志的老年安养生活。当学院合唱队参加学校组织的建国70周年合唱比赛需要我时，我不辞辛劳，视为己任，努力献计献策，配合学院合唱队较好地完成演出任务。我因为曾负责学院工会工作长达20多年，熟悉学院情况，熟悉退休老师们的方方面面，感觉做这一切理所应当。现在想来，应该还是对于学院方方面面的不舍和情感，让我愿意始终如一地为学院教职工服务。

永持热心助人的一颗公益之心

退休后我有幸被选为犀浦校区兰枫园首届业委会主任，因为大多数教职工都是第一次接触物管，有很多规章制度需要去学习，大量繁杂事务需要处理，这个“首届”很不好当。业委会全体人员都是在不断学习过程中尽力去协调业主之间的纠纷矛盾，协调业主与物管之间矛盾，逐渐建立起业委会与业主、与物管间沟通协商的渠道，督促物管按照要求完成园区的物业管理工作。2019年初特别组织召开园区业主代表与物管的座谈会，就业委会工作、物管工作与业主代表沟通协商，广泛交流，取得了较好的共识。几年来我和业委会同事们一起尽职尽责积极努力开展工作。在大家的共同努力下，业委会工作卓有成效，得到园区大多数业主的认可。但业委会的工作还有很多不尽如人意的地方，需要更多的付出，需要努力提

在兰枫园业主座谈会上

高业委会的履职能力，建立更通畅的交流沟通渠道，这样才能建设一个环境优美且更具人文关怀的园区。

退休后我有幸还被推选为九里校区南北园第一届业委会副主任。不同于犀浦校区兰枫园业委会，九里校区南北园是老家属区，在校园内，除了协调业主之间、业主与物管之间的问题，还需要协调与校区内各部门之间的问题。出于公心，我没有因为已经担任兰枫园业委会主任而推脱，仍然积极参与业委会的各项工作，尽心尽力，建言献策，努力发挥作用。几年来的工作得到了大家的认可，居住在南北园的教职工们都愿意向我反映情况，提出建议。在南北园环境改造中我曾积极与各部门沟通，共同努力，尽力去解决各种困难。自己也能做到无私无畏，敢于直言，多次向有关部门提出书面建议，贡献了自己的一份力量，体现了一份责任担当。在2020年疫情最困难的时候，我还积极支持物管工作，同业委会同事一起自掏腰包购物慰问物管工作人员。当然也有很多时候因各种原因，业委会工作很无奈，起不了作用。前几天学校社区负责人还谈到第一届业委会任期快到了，希望我继续做下去，我虽然表示不做为好，因为这是一份费力不讨好、真正需要花费很多时间精力的事，但如果真没人愿意做，可能我还是要继续做下去吧。

除了校区家属区业委会的事情，我还积极为退休教职工们发言，多次为离退休教职工生活中的各种问题，比如南北园电梯安装、南园路面积水等积极建言献策，提出建议。

永葆乐享晚晴的一颗活力之心

退休后由于有了更多的时间，我可以自己安排丰富多彩的退休生活。热爱旅游的我，有了出国旅游的时间和机会。我曾去过瑞典、丹麦、挪威、芬兰北欧四国，去感受过纯净自然风光与现代都市的完美结合。在哥本哈根看过美人鱼雕像，在芬兰参观过赫尔辛基大教堂。在俄罗斯美丽的圣彼得堡参观过豪华壮丽的夏宫花园，涅瓦河边上矗立的彼得大帝青铜骑士像以及世界四大博物馆之一的冬宫。在莫斯科红场瞻仰了列宁墓，参观了宏伟的克里姆林宫和无名烈士墓不灭的圣火。去过澳大利亚和新西兰，在悉尼歌剧院留过影，也在黄金海岸踏过海浪，在新西兰参观过罕见的十二门徒石和鸟岛。去过东欧六国，参观过德国国会大厦和著名的柏林墙，在波兰到访过二战纪念堂——奥斯威辛集中营，也去了世界著名音乐之都维也纳的金色大厅，以及捷克千年之城首都布拉格和有着“多瑙河明珠”美称的匈牙利首都布达佩斯。国外的无限风光让我开了眼界，也让我感叹正是因为有祖国的强盛才让我有了这样的机会。

除了去国外旅游，退休后这几年足迹遍布祖国美丽的大好河山。曾两次自驾去泸沽湖、丽江、大理，也自驾去了腾冲，到过国殇墓园凭吊，自驾去过瑞丽口岸，到过“一寨二国”，也曾自驾去

参观著名的悉尼歌剧院

徜徉在莫斯科红场旁的圣瓦西里大教堂前

了西双版纳，观赏过国家热带植物园。曾自驾去过恩施大峡谷、张家界天门山和湘西凤凰古城。最近刚自驾去了西宁塔尔寺，青海湖和茶卡盐湖，去了敦煌鸣沙山月牙泉，参观了举世闻名的莫高石窟，也游览了雄伟的嘉峪关长城、美丽的张掖七彩丹霞，去过黄河边上的中卫沙坡头、广袤的腾格里沙漠。还曾乘坐专列去游览过新疆天山天池，美丽的喀纳斯湖，静谧的禾木、喀什老城。去过哈尔滨、漠河、长白山天池、平遥古城，满洲里口岸和呼伦贝尔大草原。也乘坐专列去过南京、杭州、上海，到厦门乘坐游轮游历日本冲绳诸岛。这些地方有些在退休之前已经去过，有些是第一次去。一些原来去过的地方有了很多新的变化，一些没有去过的地方让我再一次领略了祖国美丽的大好河山，也由衷地感叹，对比我们这代人青年的时光，现在的年轻人生在了一个最好的时代，能够见证祖国繁荣发展和伟大复兴。

当然，丰富的退休生活还包括每年夏天去三江天然氧吧避暑

在壶口瀑布感受黄河的壮观和汹涌澎湃

观赏美丽纯净的青海湖

一个月，冬天去米易享受温暖的阳光一个月，坚持每周至少一次的游泳锻炼，时常去卡拉OK厅和歌友一起嗨歌，时常和亲朋好友聚会，等等。总之尽可能地安排好自己的退休生活并乐享其中。

如此惬意的退休生活，当然得益于我们有幸赶上了这个美好时代，要感谢伟大的党和国家！我坚信经受了疫情考验后，祖国的明天会更美好，期望学校在“双一流”学科建设中迈上新台阶，愿所有退休人员放下心中的烦恼，平淡平静平和地乐享晚晴美好生活。

作者：数学学院退休教师　余孝华

给你的歌谣

词　桂富强

曲　武树霄

你奋斗的人生　默默打了个顿号
阳光在讲台　你眼中泪光闪耀
那年的你在交大青春正盛
中山梁的月光从山顶落在怀抱

你往来成都峨眉　火车是摆渡的桥
讲义上的粉末　穿过四季的风
那年的你在交大风华正茂
镜湖的朝霞在湖面摇动柳梢

梅兮傲寒花枝独俏
兰兮高洁幽谷香飘
竹兮虚怀平生淡泊
菊兮悠然东篱秋高

你颠簸九里犀浦　回家总是晚到
实验室的灯　知你华发早生
这些年的你为交大累弯了腰
虹桥的倒影唱着给您的歌谣

灿兮熔金授业传道
璀兮攻玉双严如刀
桃兮灼灼芬芳四海
李兮郁郁兴路架桥

问你是否放不下　灌输文化相互探讨
问你是否离不开　桃秾李郁彼此围绕
今天你站在这里　我们向你祝福
第二次青春从此扬帆起锚　起锚

※ 这首歌是西南交通大学党委副书记桂富强2020年特意为学校退休教职工写的。扫描二维码可以收听。